AF261257

ICNC Press

EDITORES: Hardy Merriman y
Amber French
Contacto: icnc@nonviolent-conflict.org
DISEÑADOR: Joe García
Traducción: Javier A. Hernández
Edición: Fernando León Romero

Publicado por ICNC Press
**International Center on Nonviolent
Conflict**
1775 Pennsylvania Ave. NW, Ste. 1200
Washington, D.C. 20006 USA

Foto de cubierta: Ivan Marovic sirviendo
como ariete para romper la puerta del
Decanato de la Universidad de Belgrado
durante la protesta estudiantil de 1996-1997.
Foto por Miroslav Petrovic

Foto de la página de derechos de autor:
Manifestaciones de Euromaidan en Kiev,
Ucrania, el 29 de diciembre de 2013. Foto
por Maksymenko Oleksandr, vía Wikimedia
Commons.

**Descargo de responsabilidad de
publicación:** Las designaciones utilizadas y
el material presentado en esta publicación
no indican la expresión de ninguna
opinión por parte de ICNC. El autor es
responsable de la selección y presentación
de los hechos contenidos en este trabajo,
así como de todas y cada una de las
opiniones expresadas en el mismo, que
no son necesariamente las de ICNC y no
comprometen a la organización de ninguna
manera.

EL CAMINO DE LA MAYOR **RESISTENCIA**

UNA GUÍA PARA LA PLANIFICACIÓN DE CAMPAÑAS NOVIOLENTAS

Resumen

El camino de la mayor resistencia: Una guía para planificar Campañas noviolentas es una guía práctica para activistas y organizadores de todos los niveles que desean hacer crecer sus actividades de resistencia noviolenta en una Campaña más estratégica y de duración determinada. Es una guía para los lectores a través del proceso de planificación de la Campaña, dividiéndola en varios pasos y proporcionando herramientas y ejercicios para cada paso. Al terminar el libro, los lectores tendrán lo que necesitan para guiar a sus compañeros en el proceso de planificación de una Campaña. Se estima que este proceso, tal y como se describe en la guía, dura unas 12 horas de principio a fin.

La guía está dividida en dos partes. La primera presenta y contextualiza las herramientas de planificación de Campañas y sus objetivos. También explica la lógica detrás de estas herramientas y cómo pueden ser modificadas para adaptarse mejor al contexto de un grupo en particular. La segunda parte proporciona planes de lecciones fácilmente reproducibles y compartibles para el uso de cada una de esas herramientas, y explora cómo integrar las herramientas en el más amplio proceso de planificación.

Tabla de Contenidos

Tablas y Figuras

Prólogo

Si me preguntaran sobre el movimiento del que formé parte, Otpor, y las Campañas que organizamos, podría contar mucho sobre las Campañas "Gotov Je" (Él está acabado) y "Vreme Je" (Es ahora), destinadas a aumentar la participación de votantes en las elecciones presidenciales del 24 de septiembre de 2000 en Serbia. La elección fue el comienzo de la caída final de Slobodan Milosevic el 5 de octubre de ese mismo año. Podría contar sobre la Campaña "Lo estamos observando" que realizamos justo después de la caída de Milosevic, cuyo objetivo era posicionar a Otpor como un guardián que vigilaba de cerca el desempeño del nuevo gobierno y nos distanciábamos de él. Podría hablar sobre la Campaña "El puño es el saludo", con el objetivo de aumentar el reclutamiento de Otpor y que terminó con miles de personas que se unieron al movimiento.

Podría hablar de todo esto en detalle, pero no podría nombrar una sola Campaña que realizamos en el primer año de nuestra existencia. Podría hablar de tácticas todo el día ("acciones", como las llamamos). También podría hablar sobre la Declaración sobre el futuro de Serbia, el documento estratégico de Otpor. Pero no pude nombrar una sola Campaña desde nuestro primer año.

¿Por qué? Porque no hubo ninguna.

Otpor fue tácticamente muy innovador desde el principio y desarrolló una estrategia a largo plazo a los pocos meses de su fundación, pero nos llevó algo de tiempo aprender a ejecutar Campañas.

Esto se debe a que las Campañas son difíciles de planificar e implementar. En mi opinión, la planificación de Campañas requiere más esfuerzo que la planificación estratégica a largo plazo y la planificación táctica a corto plazo por varias razones. Primero, un plan estratégico suele ser lo suficientemente amplio como para adaptarse a entornos cambiantes y giros inesperados de eventos que pueden ocurrir durante el desarrollo de la estrategia (generalmente se mide en años). Por otro lado, la planificación táctica es lo suficientemente breve (generalmente se mide en días o, a veces, semanas) para que se observen y evalúen los resultados, se realicen las modificaciones necesarias y se introduzcan nuevas tácticas innovadoras y mejoradas.

Pero las Campañas son diferentes. A diferencia de la estrategia, deben ser detalladas, sus objetivos específicos y bien definidos y sus mensajes claros y directos. Las Campañas deben corresponder a entornos cambiantes, pero también deben ser compatibles con la estrategia a largo plazo. Y dado que lleva tiempo que las Campañas tengan efecto, es más difícil evaluarlas. A diferencia de las tácticas, hay que esperar meses antes de realizar cambios basándose en una evaluación de la efectividad de la Campaña.

Cuando la planificación deficiente produce Campañas ineficaces, se enfrenta a una decisión difícil: continuar una Campaña ineficaz o abortarla. Espero que esta guía sea útil para evitar esta posición indeseable.

Esta guía de planificación cubre una serie de herramientas que ayudarán a responder las preguntas más importantes de la Campaña:

1.   ¿Qué quieres lograr (cuál es el objetivo de la Campaña)?

2.   ¿Qué vas a decir (cuál es el mensaje de la Campaña)?

3.   ¿Qué vas a hacer (qué tácticas vas a llevar a cabo)?

4.   ¿Qué necesitas en términos de recursos y organización?

Las herramientas de esta guía tienen como objetivo ayudar a los activistas y organizadores a comprender mejor sus capacidades internas y su entorno externo, formular objetivos apropiados, definir audiencias objetivas y analizar sus percepciones, formular un mensaje y decidir qué tácticas son las mejores para transmitir este mensaje.

Cada herramienta se presenta y explica con mayor detalle para aquellos que nunca la han usado antes. Esta explicación es seguida por una guía paso a paso de cómo usar la herramienta en un taller, ya sea un taller de capacitación dirigido a enseñar a los participantes sobre Campañas o un taller de planificación con el objetivo de diseñar una Campaña específica. En este sentido, es adecuado para activistas experimentados y sin experiencia por igual, y está diseñado para ser útil en todas las etapas de un movimiento noviolento por los derechos, la justicia y la libertad.

Las herramientas van acompañadas de módulos que, en total, tomarán aproximadamente 12 horas, por ejemplo, durante un taller de planificación de Campañas que durará un fin de semana. Todos los materiales necesarios para llevar a cabo un taller de este tipo están identificados en los módulos respectivos y están disponibles (o son alternativas aceptables) a un costo mínimo de material en la mayoría de las regiones del mundo.

Campañas noviolentas de resistencia civil

Estudio de caso: las Campañas de Otpor "Él está acabado" y "Es ahora"

La Campaña "Gotov Je" (Él está acabado) fue la Campaña principal de movilización de votantes de Otpor (pero no la única). Su objetivo general era derribar a Milosevic a través de las elecciones, a pesar del hecho de que en ese momento las elecciones en Serbia no eran libres ni justas.

El objetivo específico era aumentar la participación de los votantes, especialmente entre los no votantes tradicionales y los jóvenes en general. En teoría, si estos grupos se presentaran el día de las elecciones, emitirían sus votos para el candidato de la oposición, reduciendo la proporción relativa de votos para Milosevic a menos del 50 por ciento. La fuerte participación de los votantes fue una condición previa esencial para lograr la meta estratégica más amplia, ya que cuantos más nos presentáramos a votar, más difícil sería llenar las urnas. Y cuantos más nos presentáramosa votar, mayor será la indignación si intentaran robar nuestro voto.

El mensaje de la Campaña, como lo muestra claramente el eslogan "Él está acabado", fue un mensaje de certeza, muy necesario después de una serie de derrotas electorales que dejaron a los votantes de la oposición apáticos y con sospechas. Además de los afiches, los volantes y las famosas calcomanías de "Él está acabado" (pegadas a los afiches de Milosevic), esta Campaña incluyó acciones de teatro callejero.

Yendo un paso más adelante, nuestra estrategia incluyó no solo la movilización de votantes sino también los esfuerzos para prevenir la falsificación de las papeletas. Por lo tanto, decidimos ejecutar una Campaña paralela, "Vreme Je" (Es ahora). Esta Campaña se dirigió a los votantes más neutrales que estaban interesados en el cambio, pero se mostraron indiferentes o rechazados por la postura de oposición dura "Él está acabado".

A diferencia de la Campaña "Él está acabado", la Campaña "Es ahora" se centró en conciertos de rock, giras de celebridades y otras formas de llegar al público objetivo con menos participación política. Además, a diferencia de la Campaña "Él está acabado", que solo fue implementada por Otpor, la Campaña "Es ahora" fue dirigida por una vasta coalición de organizaciones con Otpor como uno de los miembros de la alianza.

Ambas Campañas lograron sus objetivos, y con una participación récord (que fue de hasta el 70 por ciento entre los votantes menores de 30 años), Milosevic perdió la elección.

¿Qué son las Campañas y por qué son importantes?

La raíz de la palabra proviene del latín "campus" o campo. Los ejércitos solían salir al campo en la primavera para llevar a cabo Campañas, operaciones importantes que formaban parte de un esfuerzo bélico más amplio. Este término sigue siendo utilizado por los soldados en la actualidad. Incluso fuera del ejército -en los negocios, el marketing, la política, etc.- **las Campañas se refieren a una serie de actividades destinadas a lograr un objetivo particular dentro de una estrategia más amplia**. Por lo tanto, la estrategia consiste en diferentes operaciones, incluidas las Campañas, que a su vez consisten en una serie de tácticas, también conocidas comúnmente como acciones o tareas. Las tácticas constituyen Campañas, y las Campañas -junto con otras operaciones tales como reclutamiento, capacitación, comunicaciones internas y externas- se utilizan al servicio de la estrategia (ver Figura 1).

Figura 1

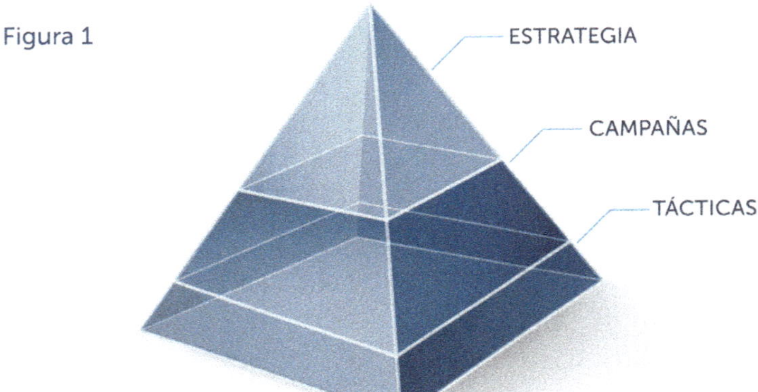

> *La resistencia civil es una forma de que la gente común y corriente que no tiene un título especial, un estatus o una autorización, pueda ejercer el poder sin el uso o la amenaza física.*

Las Campañas sirven para movilizar y atraer a públicos específicos. Su objetivo es cambiar los puntos de vista, las percepciones e incluso los comportamientos del público en general. Por lo tanto, las Campañas son críticas si su estrategia depende del aumento de la participación pública, como suele ser el caso de la estrategia política.

Esto ocurre en la política institucional (como el cabildeo) y especialmente ocurre también si la lucha se libra fuera de las instituciones, como es el caso de la resistencia civil por definición.

A menudo se señala que los activistas dan más prioridad a las tácticas que a la estrategia. Incluso cuando se ha desarrollado una estrategia, a menudo hay una desconexión entre los niveles estratégico y táctico, o los activistas pueden planear una cosa en la sala de estrategia pero improvisar en las calles. Los activistas que han producido una estrategia a menudo se preguntan qué pasos específicos les llevarán hacia esa estrategia. Pueden continuar usando tácticas familiares mientras que el plan estratégico nunca se llegueaimplementar completamente.

Las Campañas son útiles porque pueden servir de enlace entre la estrategia y la táctica. Después de completar el plan estratégico, todavía no se necesita entrar en detalles tácticos. Primero, se puede definir alas Campañas como fases más amplias de la estrategia. Los objetivos de cada Campaña servirán como hitos en el camino hacia la meta estratégica y se podrá dividir este camino en segmentos más cortos.

¿Cómo se relacionan la estrategia, las Campañas y las tácticas? ¿Por qué son interdependientes?

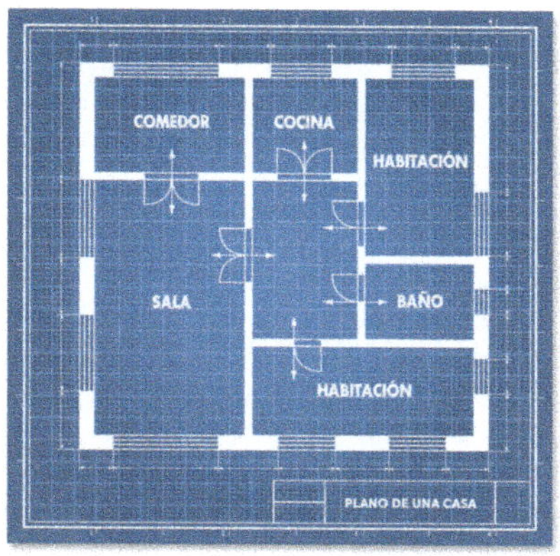

Figura 2

Pensemos en la estrategia como una casa, y luego a las Campañas como diferentes habitaciones en esa casa. La táctica puede ser entendida como elementos de construcción: paredes, ventanas, puertas y muebles. Estos elementos pueden existir fuera de la casa pero no son muy útiles por sí solos. Cuando se utilizan estos elementos dentro de la casa, se utilizan de forma diferente en cada habitación, dependiendo de la función de la habitación. Por ejemplo, normalmente hay una puerta entre la cocina y el comedor, pero puede que no haya una puerta entre la cocina y el dormitorio (ver Figura 2).

Lo mismo puede decirse de las tácticas. **Se puede organizar una táctica sin estrategia, pero no es muy útil.** Incluso dentro de una estrategia más amplia, las tácticas deben ser parte de una Campaña en particular, ejecutada para transmitir el mensaje de esa Campaña e impactar a un público objetivo específico.

A diferencia de las tácticas, las Campañas no pueden existir sin salas de estrategia, así como las habitaciones no pueden existir sin una casa. Incluso una casa de una habitación sigue siendo una casa; tiene cimientos y techo. De la misma manera, la estrategia con una Campaña sigue siendo una estrategia; tiene una visión, misión y objetivos definidos. Una casa óptima es, por supuesto, robusta, pero también funcional. Para queestoúltimo sea cierto, es necesario un diseño óptimo de la sala. La estrategia necesita visión, misión y objetivos, pero también necesita que las Campañas sean funcionales.

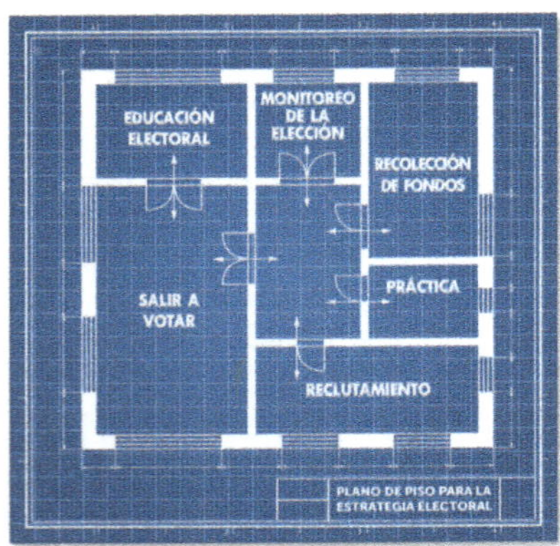

Figura 3

Cada habitación de la casa sirve para un propósito particular, pero están interconectadas en términos de función y construcción. La cocina y el comedor están adyacentes debido a su función -la comida preparada no debe viajar mucho antes de ser servida. El diseño de la casa es intencional y sirve para propósitos específicos y relacionados.

Lo mismo ocurre con las Campañas. En una estrategia más amplia, las Campañas se suceden como pasos hacia la meta a largo plazo. También se complementan entre sí, ya que las Campañas posteriores utilizan los beneficios obtenidos en las Campañas anteriores (véase la figura 3).

Si tomamos como ejemplo la estrategia electoral, la Campaña Salir a votar ocupa el lugar central del "plan de piso", pero cuenta con el apoyo de otras operaciones como la supervisión de las elecciones y la educación de los votantes. "El techo" es la visión de unas elecciones libres y justas y la "base" es la misión de promover la participación activa de los ciudadanos en el proceso electoral. El "mobiliario" de esta "casa" consiste en tácticas tales como reuniones en el ayuntamiento, talleres para observadores electorales, prospección puerta a puerta, etc.

Las estrategias más largas y complejas tienen "planes de piso" más elaborados con muchas "habitaciones", "pasillos" y "escaleras". Las estrategias simples tienen una o dos "salas", pero todas se caracterizan por la misma interdependencia entre estrategia, Campañas y tácticas.

El objetivo de esta guía es ayudar a desarrollar un plan de Campaña en apoyo de una estrategia más amplia (que es un tema que se tratará más adelante en otro libro). Este plan de Campaña será el resultado de un proceso que implica un análisis cuidadoso y un pensamiento creativo. Las herramientas de esta guía ayudarán con ambas y serán la guía paso a paso hacia un plan de Campaña. Y una vez que se haya completado el plan de Campaña, se podrá obtener otros documentos útiles, como el resumen de la Campaña, el calendario, el presupuesto y el organigrama.

Cómo usar este libro

Los siguientes capítulos contienen breves introducciones para explicar varias herramientas de planificación de Campañas, cada una acompañada de una hoja de instrucciones y un proceso paso a paso para usar la herramienta en un curso de desarrollo de Campañas. Los lectores que organizarán un curso de desarrollo de Campañas deberán comenzar por leer la breve introducción de una herramienta que precede a cada hoja de instrucciones. Una vez que haya terminado de leer todas las introducciones de herramientas, las hojas de instrucciones y las explicaciones paso a paso del proceso, se deberá consultar el "Curso de desarrollo de Campañas" en la página 89 para obtener instrucciones más detalladas sobre la planificación de un curso de desarrollo de Campañas en el marco de un movimiento noviolento.

¡Comencemos!

ESTADO ACTUAL: TUS CAPACIDADES Y EL ENTORNO (ANÁLISIS FODA)

A la hora de planificar una Campaña, lo más importante es definir su objetivo. Este objetivo está al servicio de la visión, misión y metas estratégicas definidas en su plan estratégico. En otras palabras, su plan estratégico le informará sobre los tipos de Campañas que debe emprender. Determinar el objetivo de cada una de estas Campañas es parte de la planificación de la Campaña y requiere un proceso separado que se basa no sólo en su plan estratégico, sino también en la comprensión de sus capacidades actuales y del entorno en el que está operando.

Para definir el objetivo de la Campaña, primero es necesario conocernos a nosotros mismos y a nuestro entorno, incluyendo al oponente. Se necesita entender todos los factores, tanto internos como externos, tanto útiles como dañinos, antes de empezar a pensar en un objetivo que sea realista y relevante para la meta estratégica.

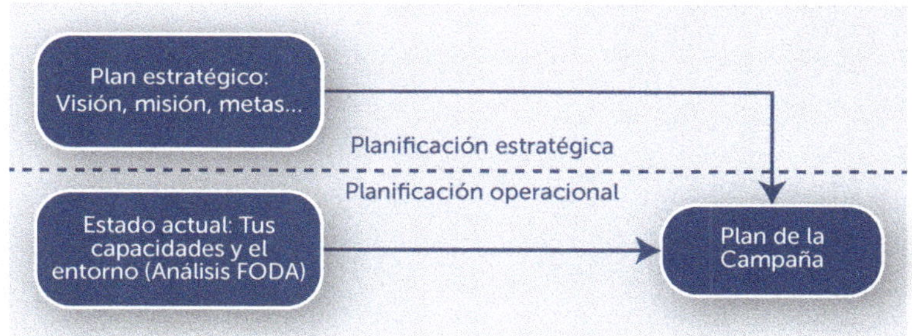

Una herramienta que ayuda a identificar estos factores se llama Análisis FODA. FODA es un acrónimo que significa Fortalezas, Debilidades, Oportunidades y Amenazas. Es una herramienta acreditada a Albert Humphrey del Stanford Research Institute, aunque él negó ser el autor. Desde la década de 1960, se ha utilizado para la planificación corporativa, pero también en Campañas políticas y en la organización comunitaria para el cambio social.

> *Se dice que si conoces a tus enemigos y te conoces a ti mismo, podrás ganar cientos de batallas sin una sola pérdida. Si solo te conoces a ti mismo, pero no a tu oponente, podrás ganar o perder. Si no te conoces a ti mismo ni a tu enemigo, siempre estarás en peligro.*
>
> *—Sun Tzu, El arte de la guerra*

Tabla 1: Matriz FODA

Factores	Útil	Nocivo
Interno	**F**ortalezas	**D**ebilidades
Externo	**O**portunidades	**A**menazas

Las fortalezas son capacidades internas, tales como recursos (humanos o materiales), habilidades, o incluso factores intangibles, como la unidad del grupo o un fuerte compromiso.

Las debilidades son vulnerabilidades internas (organizativas) que ralentizan o exponen a riesgos. Un pequeño número de activistas o la falta de recursos entran en esta categoría. Los factores como la falta de entusiasmo o la parálisis del miedo entre compañeros activistas también se consideran debilidades. Aunque son menos tangibles que la falta de recursos, todavía están bajo su control en el sentido de que con el tiempo pueden cambiar.

Las oportunidades son factores externos que están fuera de su control pero son beneficiosos para la Campaña. Estas existen independientemente de lo que haga. Sin embargo, está en su control utilizar estas oportunidades a su favor durante la Campaña. Las oportunidades pueden ser debilidades de su oponente, incluyendo su falta de legitimidad y divisiones internas, pero también la insatisfacción general o los reclamos de la población, la existencia de aliados potenciales y los recursos disponibles.

Las amenazas también son factores externos que son perjudiciales para su Campaña. Son peligros potenciales que tal vez nunca se materialicen. Pero si lo hacen, y no se han planeado o no se responde adecuadamente, pueden dañar su esfuerzo o incluso resultar desastrosos. Las amenazas pueden incluir la capacidad del oponente para hacerle daño a través de propaganda negativa o de la represión policial, pero también pueden cubrir otros factores como elementos violentos -externos, pero en proximidad física al movimiento.

Al realizar un análisis FODA, **es importante distinguir los factores internos ([fortalezas y debilidades], que están bajo su control) de los factores externos, que existen independientemente de lo que haga (oportunidades y amenazas)**. A veces los activistas consideran a los jóvenes descontentos como una fortaleza, aunque estos jóvenes no sean parte de su organización, por lo tanto, son solo una oportunidad como activistas potenciales, no una fortaleza. De manera similar, la falta de confianza entre los organizadores y las divisiones internas a veces se enumeran como amenazas para la organización, pero en realidad son debilidades debido a que son internas al movimiento.

Otra cosa a tener en cuenta es el contraste entre factores útiles y dañinos. Al realizar un análisis FODA, los activistas rara vez confunden debilidades y fortalezas, pero no es tan simple cuando se trata de factores externos: las amenazas a veces son vistas como oportunidades o viceversa. Por ejemplo, la represión puede ser vista como una oportunidad, pero después de un análisis más profundo resulta que la oportunidad es en realidad el resentimiento público hacia los actos represivos del oponente. O, si no existe tal resentimiento, entonces los casos anteriores de represión pueden ser una oportunidad para crear ese resentimiento público. Y la posible represión en contra durante la Campaña seguirá siendo una amenaza.

En una Campaña, se aprovechan las oportunidades y se evitan las amenazas (o se mitigan sus efectos), pero hay que tener en cuenta que estos factores no se pueden crear o eliminar directamente. Por ejemplo, un alto nivel de desempleo juvenil puede ser una oportunidad para movilizar a los jóvenes, pero no es algo que se pueda dar por sentado. Será necesario aprovechar los puntos fuertes de la organización, como un mensaje de Campaña atractivo y la capacidad de reclutar más activistas jóvenes, por ejemplo, a través de redes universitarias. En la misma línea de razonamiento, la amenaza de represión y represión contra los organizadores de la Campaña puede que nunca se materialice, pero es importante planearlo en caso de que ocurra.

Limitaciones de esta herramienta

El análisis FODA no es una herramienta perfecta y tiene sus limitaciones. En primer lugar, no todos los factores son igualmente importantes. Dado que se enumeran por separado, no se puede ver su interacción. Por eso es útil seguir examinando estos factores con la Herramienta de desarrollo de escenarios, utilizando los datos recopilados en el Análisis FODA. Otra limitación es que el Análisis FODA enfatiza el estado actual, pero esto puede cambiar a través de la implementación exitosa de un plan estratégico que pone énfasis en el panorama general y el proceso a largo plazo.

Tabla 2: Ejemplos de fortalezas, debilidades, oportunidades y amenazas

Fortalezas	Debilidades
<ul><li>Equipo competente y motivado</li><li>Visión atractiva para el público</li><li>Mensaje apropiado y capacidad para transmitirlo</li></ul>	<ul><li>Falta de fondos</li><li>Presencia limitada en parte del país</li><li>Divisiones internas y una atmósfera de discordia</li></ul>
Oportunidades	Amenazas
<ul><li>Existencia de organizaciones de base locales</li><li>Protestas espontáneas por la escasez de alimentos</li><li>Bajos salarios en la burocracia gubernamental</li></ul>	<ul><li>Posibles detenciones de organizadores de Campañas</li><li>Medios de comunicación sesgados, cobertura negativa de la Campaña</li><li>Altas tensiones, riesgo de violencia espontánea</li></ul>

El entorno en el que se implementa una Campaña es dinámico y cambia con el tiempo, esperemos que como resultado de sus acciones. Lo mismo ocurre con sus capacidades internas. Por eso es útil realizar un Análisis FODA periódicamente, especialmente antes del inicio de cada Campaña.

Hoja de instrucciones

<table>
<tr><td colspan="4" align="center">Análisis FODA</td></tr>
<tr><td>Analítico</td><td>Trabajo en grupos pequeños</td><td>Sin folletos</td><td>60 minutos</td></tr>
</table>

Resumen rápido

Contenido	Actividad	Tiempo (min)
1. Presentar la herramienta	Presentación	5
2. Dividir a los participantes en cuatro grupos pequeños	Ejercicio de división	5
3. Enumerar los factores (fortalezas, debilidades, etc.)	Trabajo en grupos pequeños	15
4. Informe de los grupos pequeños	Presentación del grupo y retroalimentación rápida	30
5. Concluya el ejerciciop	Recapitulación	5
Total:		60

Materiales Necesarios | Cuando | Para qué

Materiales Necesarios	Cuando	Para qué
Matriz FODA preestablecida (véase la nota 1, p. 16)	Presentación	Explicación visual
4 hojas de papel en blanco	Trabajo en grupos pequeños	Factores de catalogación
4 marcadores		
Cinta adhesiva	Recapitulación	Colocar listas en la pared

Antes del taller | Antes de la sesión

Antes del taller	Antes de la sesión
- Piense en un ejemplo de su experiencia de cómo el Análisis FODA le ayudó en su trabajo. Conviértalo en una historia corta de hasta 2-3 minutos.	- Cuente el número de participantes y decida cómo va a dividirlos en grupos pequeños, usando la alineación, la dispersión o algún otro ejercicio de división (ver abajo).

Proceso paso a paso

1. Presentar la herramienta	Presentación	5 minutos

Comience explicando por qué está haciendo un Análisis FODA. Recuerde a los participantes que usted está definiendo el objetivo de la Campaña y que el primer paso es comprender su estado actual, tanto interno como externo. Esto le ayudará a tomar una instantánea de sus capacidades y entorno actuales. Coloque la diapositiva o una hoja de papel con la Matriz FODA o dibuje una en el rotafolio (un recuadro dividido en cuatro secciones iguales con F, O, D y A en cada parte, ver la imagen de la nota 1 en la página 16).

Explique y dé ejemplos para cada factor. Marque las fortalezas y oportunidades como útiles, y las debilidades y amenazas como dañinas. Luego, marque las fortalezas y debilidades como internas, y las oportunidades y amenazas como externas. Explique la diferencia entre cada par de factores (por ejemplo: "¿Cuál es la diferencia entre oportunidades y amenazas? Las oportunidades son útiles; las amenazas son dañinas. ¿Y cuál es la diferencia entre amenazas y debilidades? Las debilidades son internas y las amenazas son externas"). Pregunte si hay alguna consulta.

2. Divida a los participantes en cuatro grupos pequeños	Ejercicio de división	5 minutos

Dependiendo del tamaño del grupo, puede utilizar diferentes métodos para dividir a los participantes en cuatro grupos pequeños. Las alineaciones son efectivas si el número de participantes es pequeño (menos de 20 personas); pida a los participantes que se alineen según su fecha de nacimiento, cuando generalmente se despiertan por la mañana, o según cualquier otro criterio arbitrario. Luego camine por la línea y divídala en cuatro segmentos, cada uno de los cuales contiene aproximadamente un cuarto del número total de participantes. Para un número mayor (más de 20 participantes) se puede **dispersar** a los participantes a cuatro esquinas de la sala, por ejemplo, pidiendo a las personas nacidas entre enero y marzo que vayan a una esquina, a las nacidas entre abril y junio a otra esquina, y así sucesivamente.

3. Enumerar factores	Trabajo en grupos pequeños	5 minutos

Una vez completada la división, asigne a cada grupo pequeño la tarea de enumerar su conjunto de factores. Un grupo pequeño debe enumerar las fortalezas, las segundas debilidades, las terceras oportunidades y las cuartas amenazas. Dé a cada grupo una hoja grande de papel y marcadores. Pregúnteles si tienen alguna pregunta, luego hágales saber que tienen 15 minutos para hacer estas listas y escríbalas en el papel que se les dio.

Tan pronto como los grupos comiencen a trabajar, camine alrededor y pregunte a cada grupo si necesitan alguna aclaración y pídales que le llamen si necesitan alguna ayuda. Haz otra ronda 5 minutos después y diles que están a mitad de camino. Pida a cada grupo pequeño que comparta algunos de los factores que han identificado hasta ahora. Oriéntelos si es necesario, especialmente en lo que respecta a la diferencia entre factores externos e internos. Luego haga otra ronda 5 minutos más tarde y pida a cada grupo que termine y finalice la lista porque sólo les quedan unos minutos más. Quince minutos después del trabajo en el grupo pequeño, llámelos y pídales que traigan sus hojas de papel.

4. Informe de los grupos pequeños	Presentación y retroalimentación rápida	5 minutos

Pida que un voluntario del primer grupo (el que enumeró las fortalezas) se acerque y presente rápidamente sus hallazgos. Cuando terminen, pregunte a los miembros de su grupo si desean agregar algo. Luego, pregunte a los participantes si tienen algún comentario o pregunta rápida, especialmente si desean agregar una fortaleza que no esté en la lista. Si hay factores que piensa que no son fortalezas, pregunte al grupo pequeño por qué los enumeraron como fortalezas ("¿Son útiles estos factores? ¿Son internos?"). Después de 6-7 minutos pida al grupo que coloque su hoja de papel con los factores enumerados en la pared y pase al siguiente grupo. Repita el mismo proceso con cada grupo.

Asegúrese de posponer cualquier discusión larga para más tarde. Pida a los participantes que hagan comentarios rápidos, explicando que el objetivo del Análisis FODA es enumerar los factores, mientras que la discusión sobre las implicaciones y los posibles efectos de estos factores tendrá lugar más adelante.

5. Concluya el ejercicio	Recapitulación	5 minutos

Agradezca a los participantes por sus aportes y explique una vez más el propósito del Análisis FODA. Dé un ejemplo de su propia experiencia de cómo el Análisis FODA ayudó en su trabajo. Pregunte si hay alguna consulta final.

Notas finales

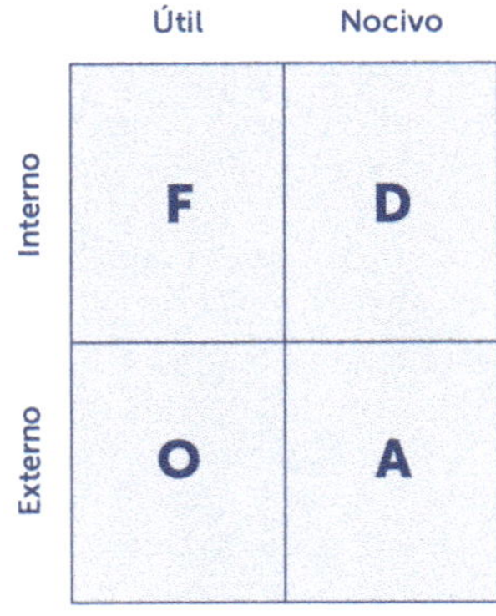

1. Matriz FODA (ver imágen a la derecha).

2. Si el número de participantes es muy pequeño (menos de 8 personas), puede dividirlos en dos grupos, uno con una lista de factores internos (fortalezas y debilidades) y el otro externo (oportunidades y amenazas). En el caso de un número aún menor (cuatro o menos participantes), la división en grupos pequeños no tiene sentido y todo el grupo debe enumerar todos los factores, comenzando con las fortalezas y continuando con las debilidades, oportunidades y amenazas. En este caso, los factores de la lista requerirán más tiempo, pero no habrá necesidad de informes y retroalimentación.

DESARROLLO DE ESCENARIOS: ANTICIPAR LOS POSIBLES RESULTADOS

Para definir los objetivos de la Campaña, primero se debe comprender el estado actual de la misma, tanto en términos de sus capacidades internas como del entorno. Los objetivos que desarrolle se basarán en este análisis, así como su plan estratégico. Pero antes de centrarse en el objetivo, puede ser útil anticiparse a los posibles desarrollos en un futuro próximo a mediano plazo.

La Herramienta de Desarrollo de Escenarios puede ser utilizada para expandir el Análisis FODA, el cual le dio una instantánea de los factores internos y externos en un momento en particular pero no le dijo mucho acerca de la posible interacción de estos factores en el futuro. Para tener una idea de cómo pueden desarrollarse las cosas, se deben desarrollar escenarios utilizando datos del Análisis FODA.

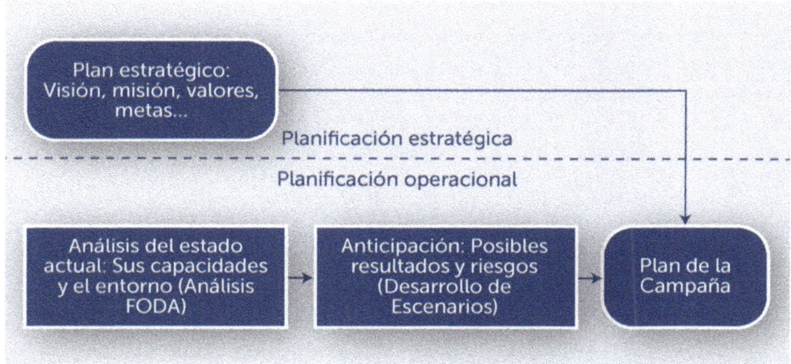

Esta herramienta está basada en el Análisis FODA desarrollado por Heinz Weihrich de la Universidad de San Francisco, California, EEUU. Como resultado del Desarrollo de Escenarios, se terminará con cuatro escenarios que tal vez nunca se materialicen pero que forman límites dentro de los cuales se puede desarrollar un escenario más realista. El Desarrollo de Escenarios considera los factores enumerados en el Análisis FODA e intenta predecir cómo pueden influir juntos en cómo se desarrollarán las cosas en el futuro.

Tabla 3: Desarrollo de Escenarios

	Fortalezas	**D**ebilidades
Oportunidades	**ME** Mejor escenario posible	**OP** OP Escenario de oportunidades perdidas o Escenario desperdiciado
Amenazas	**AC** Escenario de amenazas contrarrestadas o Escenario de movilización	**PE** Peor escenario posible o Escenario de pesadilla

Con esta herramienta se desarrollan cuatro escenarios posibles: Mejor escenario posible (ME), Escenario de Oportunidades perdidas (OP), Escenario de amenazas contrarrestadas (AC) y Peor escenario posible (PE). Cada escenario se centra únicamente en un par particular de factores internos y externos e intenta predecir lo que sucedería si sólo estos dos conjuntos de factores influyeran en la evolución de la situación.

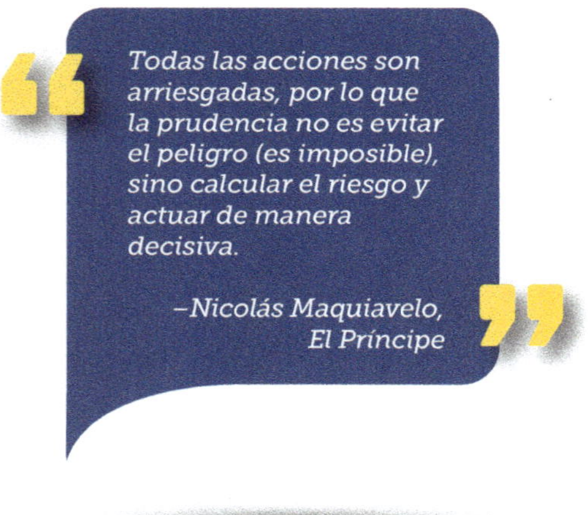

El Mejor escenario posible considera sólo las fortalezas y oportunidades. Predice los acontecimientos en el caso de que las amenazas nunca se materialicen y las debilidades sean bastante insignificantes. No es realista, pero su propósito es establecer el límite en el lado positivo. Esto es lo mejor que se puede esperar. Este escenario se desarrolla analizando las oportunidades y cómo pueden ser explotadas utilizando sus puntos fuertes.

El Escenario de oportunidades perdidas, también llamado Escenario desperdiciado, sólo ve las debilidades y oportunidades. Predice la evolución en caso de que no se matericen ni las amenazas ni las fortalezas, mientras que las debilidades aparecen. Tampoco es realista, pero su propósito es fijar el límite en el lado negativo de "nuestra culpa". Esto es lo que debería preocuparte. Este escenario se desarrolla observando las oportunidades y cómo se pierden o se desperdician debido a las debilidades.

El Escenario de amenazas contrarrestadas, también llamado Escenario de movilización, analiza las amenazas y las fortalezas. Predice un caso en el que no hay oportunidades, sólo amenazas. Sin embargo, estas amenazas se enfrentan a las fortalezas mientras que las debilidades nunca salen a la superficie. También es poco realista, pero establece el límite en el lado positivo de "vencer las adversidades". Este es el caso en el que se logra sobrevivir y triunfar contra todo pronóstico.

El Peor escenario posible se desarrolla teniendo en cuenta únicamente las amenazas y los puntos débiles. Es un caso en el que no hay factores internos o externos útiles, ni oportunidades ni fortalezas. Establece un límite en el lado negativo del "no tener suerte". Este es el caso cuando todo lo que podría salir mal sale mal, una catástrofe total.

Al desarrollar escenarios, es importante considerar sólo los factores que influyen en ellos y hacer caso omiso de otros factores. Por ejemplo, en el Peor escenario posible, las amenazas sólo se enfrentan con debilidades que hacen que el impacto de estas amenazas sea devastador. La represión contra los organizadores de la Campaña sólo es satisfecha por divisiones internas, lo que como resultado exagera el efecto de la represión. Por otro lado, en el Escenario de Amenazas Contrarrestadas, las amenazas se enfrentan sólo con las fortalezas. La represión es atendida por un equipo capacitado y motivado, con un mensaje adecuado y la capacidad de transmitirlo, lo que hace que la represión sea contraproducente.

> *"El futuro no está escrito. Existen los mejores escenarios posibles. Existen los peores escenarios posibles. Ambos son muy divertidos de escribir si eres un novelista de ciencia ficción, pero ninguno de ellos ocurre en el mundo real. Lo que sucede en el mundo real es siempre un escenario de caso secundario."*
>
> *—Bruce Sterling*

Los escenarios deben ser desarrollados en la forma de una historia, una narración que no tiene que sonar realista. De hecho, la exageración es bienvenida porque deja imágenes vívidas en la memoria de cómo las cosas podrían desarrollarse en situaciones extremas, que van desde el optimista Mejor escenario posible hasta el catastrófico Peor escenario posible. Los cuatro escenarios ayudan a comprender mejor la importancia de factores particulares. Por ejemplo, por qué es importante eliminar una debilidad en particular (porque amplifica el efecto de alguna amenaza) o por qué se debería concentrar en cierta oportunidad (porque se puede aprovechar usando algunas de las fortalezas).

Los escenarios de ME y PE son más fáciles de desarrollar, pero con los otros dos hay riesgos. A veces los activistas no pueden evitar ver las oportunidades en los escenarios de AC o usar las fortalezas en los escenarios de OP. Esto es algo que se debe considerar al desarrollar estos escenarios. Por eso es importante entender que el Escenario OP es la historia de "nuestra culpa" y el AC es la narrativa de "vencer las adversidades". A continuación se muestra cómo deberían ser estos dos escenarios.

Tabla 4: Ejemplos de escenarios de ME, OP, AC y PE

	Fortalezas • Equipo capacitado y motivado • Visión atractiva para el público • Mensaje adecuado y capacidad para transmitirlo.	**Debilidades** • Falta de fondos • Presencia limitada en algunas partes del país • Divisiones internas y una atmósfera de discordia
Oportunidades • Existencia de organizaciones de base locales • Protestas espontáneas por la escasez de alimentos • Bajos salarios en la burocracia gubernamental	**ME** Como resultado de la Campaña, se forma una coalición de base amplia de organizaciones locales de base, movilizando a la gente por la escasez de alimentos y alcanzando a burócratas descontentos.	**OP** La Campaña se enreda en las rivalidades que existen entre las diferentes organizaciones locales. Estás eclipsadopor protestas espontáneas y eres marginado.

Tabla 4: Ejemplos de escenarios de ME, OP, AC y PE

Amenazas	AC	PE
•Posibles detenciones de organizadores de la Campaña •Medios de comunicación sesgados, cobertura negativa de la Campaña •Altas tensiones, riesgo de violencia espontánea	La información sobre los arrestos se comparte con la población y la represión se vuelve en contra. La Campaña sobrevive a la represión y continúa	Tras las detenciones, la Campaña está en crisis debido a las luchas internas y a la culpabilidad. La violencia estalla, los medios de comunicación te culpan y la Campaña se desmorona.

El Desarrollo de Escenarios tiene un propósito limitado y no debe ser visto como una herramienta predictiva, sino más bien como una herramienta que expande su imaginación de la gama de posibles resultados. Los escenarios desarrollados por esta herramienta permanecen en la parte posterior de la cabeza cuando se continúa desarrollando la Campaña y sirven como límites dentro de los cuales es más probable que ocurran las cosas. Pero como **la planificación no se trata de predecir resultados realistas, sino de anticipar todos los resultados posibles**, la Herramienta de Desarrollo de Escenarios ayuda con esta anticipación y le pone en el lugar correcto cuando se trata de desarrollar un plan de Campaña.

De hecho, hay dos planes que puede construir a partir de las historias desarrolladas por esta herramienta. El primero es el Plan de Campaña o Plan A, que detalla su esfuerzo para pasar del escenario de OP a ME. Este plan trata de aprovechar las oportunidades utilizando sus fortalezas y al mismo tiempo utilizar estas oportunidades para eliminar, o al menos reducir, sus debilidades. El otro plan que necesita desarrollar es el Plan de contingencia o Plan B, que detalla su esfuerzo para pasar del escenario PE al escenario AC. Se trata de utilizar sus puntos fuertes para contrarrestar las amenazas y minimizar los puntos débiles.

Figura 4: Plan A y Plan B

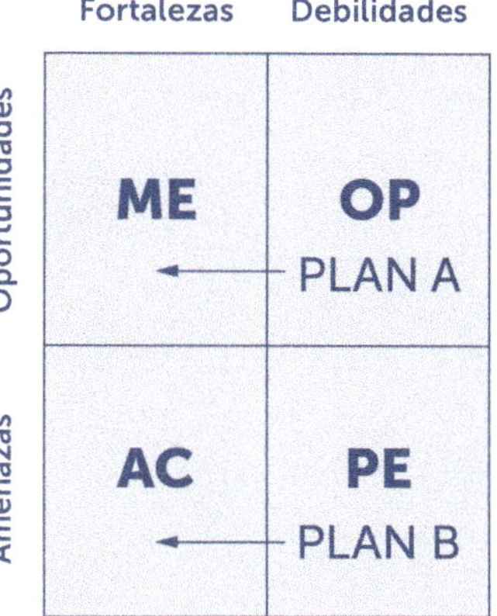

El Plan A es su plan de Campaña. Cuando se definen los objetivos de la Campaña, se están definiendo los objetivos del Plan A. El Plan B es su plan de contingencia, y se implementa sólo si las amenazas enumeradas en el Análisis FODA comienzan a ocurrir. Idealmente, la única Campaña que se lanzará será la que se describe en el Plan A, pero el Plan B necesita ser especificado de antemano porque si las amenazas se materializan, no habrá tiempo para planear una respuesta.

Tratar con las debilidades es parte de ambos planes, lo que significa que **reducir las debilidades es esencial para el desarrollo de la capacidad de su Campaña, independientemente de cómo se desarrollen las cosas**. Aunque el fortalecimiento de las capacidades no puede ser el objetivo principal de la Campaña, ésta puede ser utilizada para fortalecer las capacidades del movimiento u organización (por ejemplo, reclutar más gente, crear unidad, aumentar los fondos o el apoyo, o establecer una presencia en una determinada parte del país).

Después de completar el Desarrollo del Escenario, está listo para producir el primer paso del plan de Campaña: los objetivos de la Campaña, tanto para el Plan A como para el Plan B.

Hoja de instrucciones

Desarrollo del escenario			
Creativo	Trabajo en grupos pequeños	Folletos	90 minutos

Resumen rápido		
Tarea	**Actividad**	**Tiempo** (min)
1. Presentar la herramienta	Presentación	10
2. Divida a los participantes en cuatro grupos pequeños	Ejercicio de división	5
3. Desarrollar escenarios (ME, OP, AC y PE)	Trabajo en grupos pequeños	15
4. Informe de los grupos pequeños	Dramatización y debate	45
5. Anotar escenarios	Trabajo individual	10
6. Terminar el ejercicio	Recapitulación	5
Total:		**90**

Materiales Necesarios	Cuándo	Para qué
Hoja prefabricada con Matriz de Escenario	Presentación	Explicación visual
	Recapitulación	
Palos de diferentes longitudes	Ejercicio de división	Divida a los participantes
Folleto FODA y Desarrollo de Escenarios	Trabajo individual	Anotar escenarios

Antes del taller	Antes de la sesión
	- Asegúrese de que los participantes tengan acceso a los factores enumerados en el Análisis FODA (idealmente, pegando estas listas en la pared de la sala).

Proceso paso a paso

1. Presentar la herramienta	Presentación	5 minutos

Explique por qué se está haciendo el Desarrollo de Escenarios. Recuerde a los participantes que se está definiendo el objetivo de la Campaña; que se enumeró a todos los factores, tanto internos como externos, y tanto útiles como perjudiciales, cuando se realizó el Análisis FODA. Ahora hay que ver cómo estos factores pueden desarrollarse en el futuro. Poner una diapositiva o una hoja de papel que muestre la Matriz de Escenario o dibujar una en el rotafolio (un recuadro dividido en cuatro partes con las letras ME, OP, AC y PE en cada parte; ver la nota final 1, p. 16).

Explique y de ejemplos de cuatro escenarios: Mejor escenario, Oportunidad perdida, Amenazas contrarrestadas y Peor escenario (se proporciona un ejemplo en la nota final 2). Mostrar que los diferentes factores del Análisis FODA producen diferentes escenarios (fortalezas y oportunidades producen ME, debilidades y oportunidades OP, etc.). Explicar la diferencia entre cada par de escenarios (por ejemplo, "¿Cuál es la diferencia entre PE y AC? En PE salió mal todo lo que podía salir mal, incluyendo la respuesta a las amenazas, mientras que en AC te las arreglaste para superar estas amenazas usando las fortalezas; pudiste vencer las probabilidades").Pregunte si hay alguna consulta.

2. Divida a los participantes en cuatro grupos pequeños	Ejercicio de división	5 minutos

Pida a los participantes que se dividan en los mismos grupos pequeños en los que estaban cuando enumeraron los factores en el ejercicio de Análisis FODA. Ir primero al Grupo de Fortalezas y hacer que saquen palos de un montón. Mandar a la mitad del grupo con palos más largos a una esquina de la habitación (la esquina ME) y la otra a la esquina AC. Luego repetir lo mismo con el grupo de Debilidades y envíara la mitad del grupo a la esquina OP y la otra mitad a la esquina PE. Después de eso, ir al grupo de Oportunidades y, en base a los palos que dibujaron, enviar a la mitad de ellos a la esquina ME y la otra mitad a la esquina PC. Finalmente, ofrezca palos al grupo de Amenazas y envíe a la mitad de ellos a la esquina del PE y a la otra mitad a la esquina del AC. Después de esto, se ha recombinado a los participantes en cuatro nuevos grupos pequeños.

Una vez completada la división, asigne a cada grupo pequeño la tarea de desarrollar su escenario:

- El grupo en la esquina de ME debe desarrollar el Mejor escenario posible considerando sólo las fortalezas y oportunidades, mientras que hace caso omiso de las debilidades y amenazas.

- El grupo en la esquina de la OP debe desarrollar el Escenario de oportunidades perdidas buscando oportunidades y debilidades, mientras ignora las fortalezas y amenazas.

- El grupo en la esquina de la AC debe desarrollar el Escenario de amenazas contrarrestadas a partir de fortalezas y amenazas sin prestar atención a las debilidades y oportunidades.

- El grupo en el rincón del PE debe desarrollar el Peor escenario posible observando las debilidades y amenazas, mientras ignora las fortalezas y oportunidades.

Explique que el propósito de este ejercicio no es desarrollar escenarios realistas o probables, sino escenarios que son posibles, aunque improbables y ciertamente extremos. Esto es para establecer los límites dentro de los cuales el futuro puede desarrollarse. Pregunte a los participantes si tienen alguna consulta y luego hágales saber que tienen 15 minutos para desarrollar escenarios y crear una dramatización que se representará frente a todo el grupo cuando se reagrupe.

3. Desarrollar escenarios (ME, OP, AC y PE)	Trabajo en grupos pequeños	15 minutos

Tan pronto como los grupos pequeños empiecen a trabajar, camine y pregunte a cada grupo si necesitan alguna aclaración y pídales que le llamen si necesitan ayuda. Haga otra ronda 5 minutos más tarde y hágales saber que están a mitad de camino. Pregunte a cada grupo pequeño sobre su progreso y ofrezca orientación si es necesario. Luego haga otra ronda 5 minutos más tarde y pida a cada grupo que termine y finalice la lista porque sólo les quedan unos minutos más. Quince minutos después del trabajo en pequeños grupos convóquelos nuevamente.

4. Informe de los grupos pequeños	Dramatización y discusión	45 minutos

Explique a los participantes que ahora usted dramatizará cada escenario y discútanlo, comenzando con el Escenario de oportunidades perdidas, seguido por el Mejor escenario posible. Luego tendrá una breve discusión después de la cual se desarrollarány discutiránlos dos escenarios restantes.

Pida a los miembros del grupo OP que suban al escenario y representen su dramatización. Después de que terminen, pida a los miembros del grupo de ME que realicen su dramatización. Cuando el grupo del ME haya terminado, pregunte a los participantes si les gustaron las dos dramatizaciones y si tienen alguna idea de lo que acaban de ver. Pregunte cuáles fueron las principales diferencias entre dos escenarios. ¿Por qué el grupo ME es capaz de aprovechar las oportunidades? ¿Cuáles fueron las mayores debilidades del grupo OP? Termine la discusión después de 20 minutos.

Ahora pida a los miembros del grupo del PE que representen su dramatización del Peor escenario posible. Cuando terminen, pídale al grupo de AC que suba al escenario y actúe. Después de que terminen, pida a los participantes que compartan sus ideas sobre estas dos dramatizaciones. Pregunte acerca de las principales diferencias entre los escenarios. ¿Por qué el grupo AC fue capaz de contrarrestar las amenazas? ¿Por qué las amenazas fueron tan devastadoras en el grupo de PE? Use el tiempo restante asignado a esta actividad para la discusión.

5. Anotar escenarios	Trabajo individual	10 minutos

Distribuya los folletos FODA y Escenarios a los participantes y pídales que anoten los factores de las listas colocadas en la pared de la sala, y luego que describan por escrito los cuatro escenarios que acaban de ver realizados. Explique que utilizará esta información más adelante cuando empiece a definir los objetivos de la Campaña.

6. Concluya el ejercicio	Recapitulación	5 minutos

Agradezca a los participantes por sus dramatizaciones y muestre una vez más la Matriz de Escenarios. Dibuje dos flechas, una del OP al ME con la etiqueta "Plan A" y la otra del PE al AC con la etiqueta "Plan B": Plan A y Plan B. El Plan A lo alejará del Escenario de oportunidades perdidas hacia el Mejor escenario posible. Su segundo plan de contingencia, el Plan B, es al que acudirá si el Plan A no está funcionando. Este plan lo aleja del Peor escenario posible hacia el Escenario de amenazas contrarrestadas. Pregunte si hay alguna consulta final y comience.

Notas finales

1. Matriz de escenarios (ver imagen de la derecha).

2. Ejemplo de escenarios de ME, OP, AC y PE:

"Digamos que tenemos un tipo que quiere casarse con una chica. Su fuerza es que es encantador y guapo, pero su debilidad es que está quebrado. Una oportunidad es que la chica esté enamorada de él, pero la amenaza es que a sus padres les gustaría ver a su hija casarse con alguien que tiene mucho dinero....El mejor escenario es que él es encantador y guapo y ella está enamorada de él, así que se casan. El Escenario de la oportunidad perdida es que está enamorado de él, pero está arruinadoasí que no se atreve a declararse, sino que busca trabajo. El Escenario de la Amenaza contrarrestada es que él es encantador y guapo y se las arregla para encantar a sus padres, para que no se opongan al matrimonio. En el Peor escenario, él está arruinado y sus padres convencen a su hija de que debe buscar una mejor pareja. Como puedes ver, en los escenarios ME y OP no te importan los padres de la chica, y en los escenarios AC y PE no te importa la chica. En el ME y los escenarios de AC no te importa que el tipo esté arruinado, mientras que en los escenarios de PE y OP no te importa que el tipo sea encantador y guapo. Todos estos escenarios son improbables, pero definen los límites dentro de los cuales tendrá lugar un escenario más realista."

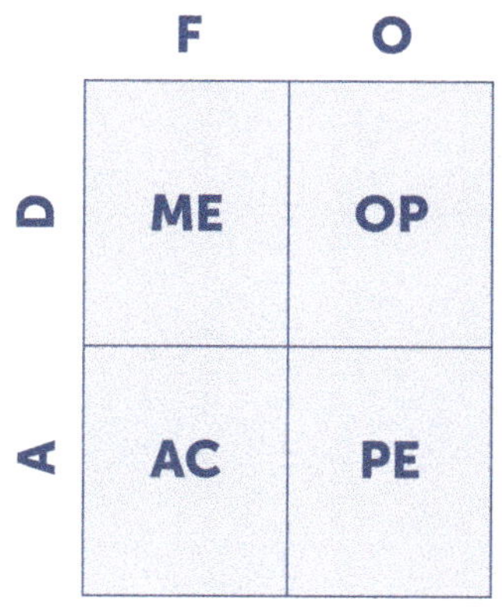

CRITERIOS EMART: ESTABLECIENDO LOS OBJETIVOS DE LA CAMPAÑA

El primer elemento del plan de Campaña es el objetivo de la Campaña. Este responde a la pregunta, "¿Qué quieres lograr con tu Campaña?" Los objetivos de la Campaña se basan en su plan estratégico, su análisis de la situación actual, sus capacidades y el entorno en el que opera. Los buenos objetivos de la Campaña hacen avanzar su estrategia a largo plazo, tal como se establece en su plan estratégico. También tienen en cuenta todos los factores internos y externos, tanto útiles como perjudiciales (lo que ha entendido utilizando el Análisis FODA). Los buenos objetivos de la Campaña también pueden ser probados contra todos los posibles desarrollos en el futuro -que van desde el mejor caso hasta el peor- que pueden surgir como una interacción de estos diferentes factores y que también debería ser capaz de anticipar (usando el Desarrollo de Escenarios).

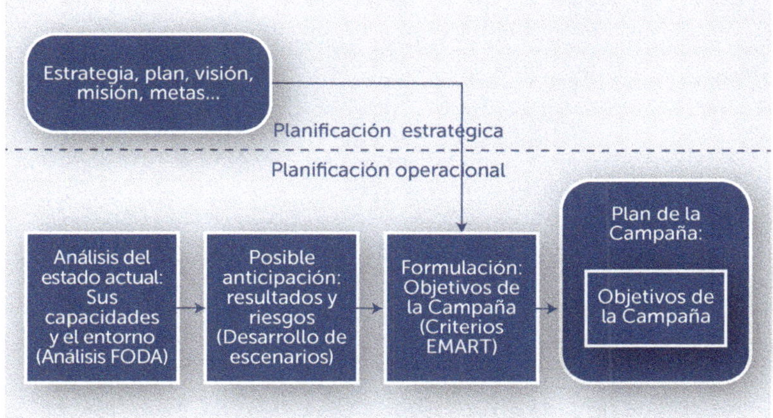

Para establecer los objetivos de la Campaña, puede utilizar los criterios EMART para establecer los objetivos EMART. EMART es un acrónimo utilizado por primera vez por George T. Doran en 1981, y los criterios EMART se atribuyen comúnmente a la gestión de Peter Drucker por concepto de objetivos. A lo largo de los años se han asociado diferentes criterios con estas letras, pero el uso más común de las letras en el acrónimo es el siguiente:

E – especifico
M - medible
A - alcanzable
R – relevante
T - tiempo limitado

El criterio "específico" subraya la necesidad de objetivos concretos y no vagos. **Los objetivos específicos son cambiar el comportamiento en**

lugar de la opinión. La sensibilización y el impulso de la reforma son ejemplos de objetivos poco claros. La obtención de 10.000 firmas en una petición o la presentación de un proyecto de ley en el Parlamento son ejemplos de objetivos específicos.

El segundo criterio indica la importancia de la medición. **Los objetivos que puede medir después de que termine la Campaña son importantes para construir un récord de victorias**. También es importante poder medir el progreso. Para algunas Campañas esto es posible (por ejemplo, si se ejecuta una Campaña de peticiones, se puede medir fácilmente su progreso a lo largo del camino), mientras que para otras sólo se pueden realizar mediciones después de que la Campaña haya terminado (las Campañas electorales son un buen ejemplo de ello). Pero incluso en estos casos, usted debe encontrar maneras de medir su progreso y hacer los ajustes necesarios a su Campaña si es necesario.

Los objetivos también deben ser alcanzables y no poco realistas. Esto significa que el **objetivo debe ser elegido después de un análisis cuidadoso de sus capacidades, el entorno y, lo que es más importante, sus fortalezas** como factores internos útiles que usted puede controlar. Persuadir a las personas para que apoyen y se unan a su esfuerzo dependerá en gran medida de este criterio. La mejor manera de establecer un récord de victorias es a través de pequeñas victorias (objetivos alcanzables y eventualmente alcanzados).

Decimos que un objetivo es relevante si se relaciona con la meta a largo plazo establecida en su plan estratégico y **si puede ver cómo este objetivo está al servicio de su estrategia a largo plazo**. Este criterio le ayuda a mantener todas sus Campañas dentro de su marco estratégico para que sepa por qué está implementando una Campaña en particular. La mayoría de la gente no leerá su declaración de misión, pero estarán expuestos a ella a través de sus acciones dentro de una Campaña. Por lo tanto, deben ser capaces de ver y entender su estrategia a través de sus Campañas. Esta es la razón por la que tiene que haber una clara conexión entre los objetivos de la Campaña y las metas estratégicas.

Los objetivos con plazos específicos especifican cómo y cuándo va a terminar la Campaña. **Las Campañas no deben ser abiertas; deben tener un comienzo y un final organizados en torno a un calendario claro**. Esto es cierto incluso si los objetivos no se logran o si no se obtienen los resultados esperados. Una vez que la Campaña termina, puede medir su éxito. Las Campañas rara vez fracasan por completo o tienen un éxito total, lo que le permite ver lo que funcionó y lo que no funcionó, enseñando lecciones para futuras Campañas.

Ejemplo de Criterios EMART: Marcha de la Sal de Gandhi

Una de las Campañas más importantes en la lucha noviolenta india por la independencia del dominio británico fue la Marcha de la Sal. Gandhi escribió una carta al Virrey poco antes de comenzar un viaje de 380 kilómetros a pie hasta el Océano Índico para hacer sal y así romper las Leyes de la sal. En esta carta exponía el objetivo de la Campaña, que desafiaba el monopolio británico de la sal y, en última instancia, el dominio británico sobre la India:

"Si mi carta no apela a su corazón, el undécimo día de este mes procederé con los trabajadores del Ashram que pueda llevar, para ignorar las disposiciones de las Leyes de la Sal. Considero que este impuesto es el más perverso de todos desde el punto de vista del pobre. Como el movimiento de soberanía y autogobierno es esencialmente para los más pobres de la tierra, el comienzo se hará con este mal."

- Carta de Gandhi al Virrey Lord Irwin, el 2 de marzo de 1930

Analicemos la Marcha de la Sal de Gandhi utilizando criterios EMART.

Específico	"... para ignorar las disposiciones de las Leyes de la Sal."
Medible	"Procederé [....] a ignorar las dispociones..."
Alcanzable	"Procederé con los trabajadores del Ashram que pueda llevar...."
Relevante	"Considero que este impuesto es el más perverso de todos desde el punto de vista del pobre. Como el movimiento de soberanía y autogobierno es esencialmente para los más pobres de la tierra, el comienzo se hará con este mal."
Tiempo limitado	"...el undécimo día de este mes procederé...."

Es importante destacar la diferencia entre el objetivo y el efecto de la Campaña de la Marcha de la Sal. Gandhi cometió desobediencia civil y rompió las Leyes de la Sal a las 6:30 de la mañana del 6 de abril de 1930, lo que significó que se logró el objetivo específico de la Campaña. Esto fue bastante simbólico por sí mismo. Sin embargo, la Campaña tuvo un efecto significativo y amplio en el cambio de las actitudes del pueblo hacia la soberanía india y llevó a un gran número de indios a unirse a la lucha por la independencia.

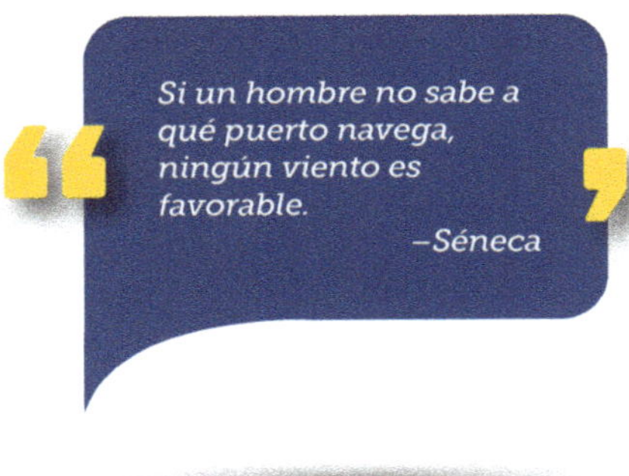

Después de utilizar el Análisis FODA y el Desarrollo de Escenarios en su proceso de planificación operativa, puede utilizar criterios EMART para proponer objetivos para su plan de Campaña (Plan A) y su plan de contingencia (Plan B). El objetivo específico del Plan A aprovecha las oportunidades concretas para alejarte más del Escenario OP hacia el Escenario ME. Es medible si se puede evaluar y medir cómo estas oportunidades fueron aprovechadas. También se puede medir si puede comparar sus debilidades antes del inicio de la Campaña y después de su finalización y determinar si algunas de las debilidades se redujeron o se eliminaron por completo.

El objetivo del Plan B es específico sí reconoce y contrarresta amenazas concretas para alejar al usuario del escenario del PE hacia el escenario de AC. Es medible si puede medir cómo se redujeron estas amenazas, especialmente si puede medir sus debilidades y determinar si empeoraron con estas amenazas.

Tanto los objetivos del Plan A como los del Plan B son alcanzables si utilizan sus fortalezas realistas, porque sus fortalezas son factores positivos dentro de su control. Son relevantes si se relacionan con sus objetivos estratégicos. Están limitados en el tiempo si la Campaña tiene un comienzo y un final, ya sea en términos absolutos (fechas exactas) o en términos relativos (en relación con eventos externos u otras Campañas que esté planificando).

Nota al margen: Se pueden utilizar criterios EMART al definir objetivos estratégicos, pero no es el mejor uso para esta herramienta, ya que un plan estratégico es amplio y de gran alcance y, por lo tanto, no incluye objetivos específicos. La medición de los resultados de un plan estratégico también es problemática, ya que la aplicación de la estrategia lleva años. Se puede medir el progreso más fácilmente que los resultados. **Los objetivos estratégicos no siempre parecen alcanzables, al menos al principio, porque la capacidad necesaria para alcanzarlos se irá construyendo con el tiempo a medida que la estrategia se desarrolle lentamente.** También es difícil imaginar un objetivo a largo plazo, ya que un futuro tan lejano no está muy limitado en el tiempo y podría tardar cinco, diez o más años en alcanzarse. Pero las metas estratégicas pueden y deben seguir siendo relevantes: deben relacionarse con su visión, misión y valores.

Hoja de instrucciones

Criterio EMART			
Analítico	Trabajo individual	Folleto	30 minutos

Resumen rápido		
Tarea	**Actividad**	**Tiempo (min**
1. Presentar la herramienta	Presentación	10
2. Anotar los objetivos	Trabajo individual (utilizando el folleto de EMART)	15
3. Concluir el ejercicio	Recapitulación	5
Total:		30

Materiales Necesarios	Cuando	Para qué
Rotafolio prefabricado con los criterios EMART enumerados	Presentación	Explicación visual
Extracto de la carta de Gandhi	Presentación	Ejemplo
Folletos EMART	Trabajo individual	Redacción de los objetivos
Bolígrafos	Trabajo individual	Redacción de los objetivos

Antes del taller	Antes de la sesión
- Escriba el extracto de la carta de Gandhi al Señor Irwin en una hoja grande de papel (ver la nota final 1, en la pagina 39).	- Asegúrese de que los participantes tengan acceso a la lista de objetivos generales (De ser posible, colóquelos en la pared de la sala).

Proceso paso a paso

1. Presentar la herramienta	Presentación	10 minutos

Explique el propósito de los criterios EMART para guiarlo en el establecimiento de objetivos que sean claros y comprensibles. Muestre la hoja de papel con los criterios enumerados y explique dando ejemplos para cada letra del acrónimo.

Muestre el extracto de la carta de Gandhi en el diagrama de flujo o en la pared de atrás (ver la nota final 1). Describa brevemente la Campaña de la Marcha de la Sal y diga a los participantes que ahora verán la carta que Gandhi escribió al Señor Irwin. Lea en voz alta el extracto que expone el objetivo de la Campaña.

Pregunte a los participantes si este objetivo es específico. Pídales que lean esa parte del texto. Pregunte si es medible. Pregunte si se puede lograr. Si dicen que sí, pregunte por qué. Pregunte si es relevante. Pregunte si tiene un límite de tiempo. Subraye cada segmento de la carta que cumpla un criterio. Luego, dígales a los participantes que van a hacer sus propios objetivos EMART.

2. Anote los objetivos	Trabajo individual	15 minutos

Distribuya folletos EMART. Pida a los participantes que elijan una meta y la reescriban en un objetivo respondiendo a las preguntas que figuran en el folleto (qué, cuándo, cómo y por qué). Déles unos minutos para completar la tarea. Luego pídales que le pasen el folleto a la persona a su derecha y que continúen pasando los folletos que reciben (de la persona a su izquierda) a la persona a su derecha hasta que usted diga que se detengan.

Después de detenerse, pida a los participantes que lean el objetivo que tienen en sus manos y marquen las casillas correspondientes en los folletos distribuidos si creen que ese objetivo cumple con alguno de los criterios EMART. Pídales que ofrezcan sugerencias sobre cómo mejorar el objetivo en el folleto si no han marcado todas las casillas o si tienen ideas nuevas.

Déles unos minutos y luego pídales que le pasen el folleto a la persona a su derecha y que lo sigan pasando hasta que terminen con su folleto original.

Pida a los participantes que hagan ajustes a sus objetivos si es necesario, basándose en las sugerencias que hayan recibido.

Pregunte a los participantes si hay algún objetivo que no cumpla con los criterios EMART. Si los hay, ofrezca sugerencias sobre cómo mejorarlos. Pregunte si hay alguna consulta final.

Notas finales

1. Extracto de la carta de Gandhi al Señor Irwin:

> *"Si mi carta no apela a su corazón, el undécimo día de este mes procederé con los trabajadores del Ashram que pueda llevar, para ignorar las disposiciones de las Leyes de la Sal. Considero que este impuesto es el más perverso de todos desde el punto de vista del pobre. Como el movimiento de soberanía y autogobierno es esencialmente para los más pobres de la tierra, el comienzo se hará con este mal."*

> \- Carta de Gandhi al Virrey, Lord Irwin el 2 de marzo de 1930

2. El folleto con los criterios EMART tiene el siguiente aspecto:

Objetivo de la Campaña

¿Qué queremos hacer?

¿Cuándo queremos?

¿Por qué queremos?

¿Cómo vamos a hacerlo?

¿Específico?   ☐

¿Medible?   ☐

¿Alcanzable?   ☐

¿Relevante?   ☐

¿Con límite de tiempo?   ☐

ESPECTRO DE LOS ALIADOS: MAPA DE LAS PARTES INTERESADAS

El mensaje es fundamental para una Campaña. Se puede decir que toda la Campaña se desarrolla con el propósito de transmitir el mensaje de la Campaña. Todas las tácticas, todas las actividades de la Campaña, todos sus materiales llevan el mismo mensaje reforzado una y otra vez, adaptado a un público objetivo específico. El mensaje apunta a cambiar el comportamiento de las personas, no sólo sus percepciones y creencias. Esta es la razón por la que las Campañas deben continuar por períodos de tiempo más largos (generalmente meses) para permitir que el mensaje se profundice y cree el cambio.

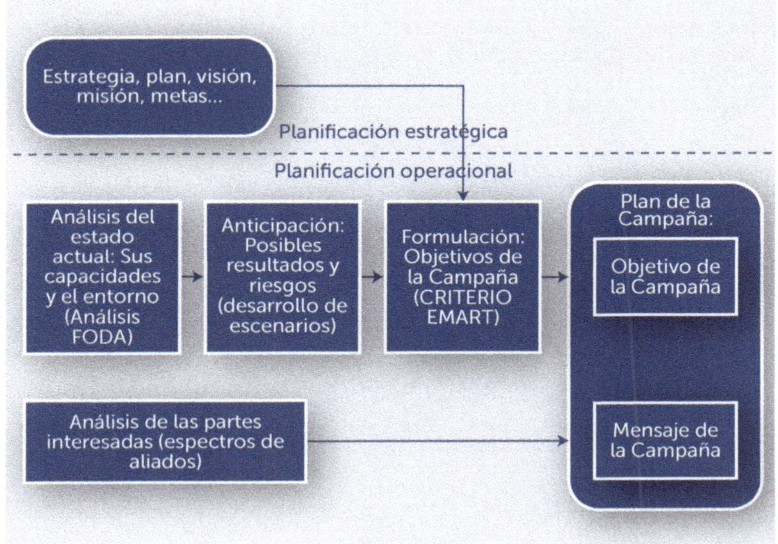

Al elaborar el mensaje de la Campaña, primero debe definir las audiencias objetivo, es decir, los destinatarios de ese mensaje. Su Campaña no puede llegar y afectar a todos los miembros de la sociedad, **por lo que debe definir claramente quién está relacionado de una u otra manera con el tema de la Campaña, si apoya o no su posición sobre ese tema.** Por ejemplo, si el tema de la Campaña es la educación, la audiencia serían los estudiantes, los maestros y los administradores, pero también los padres de los estudiantes. Si se trata de una reforma agraria, hay que tener en cuenta a los agricultores, a los campesinos sin tierra y a los terratenientes, pero también a los trabajadores agrícolas y a otros grupos relacionados directa o indirectamente con la agricultura.

Tome cualquier tema y examine el segmento de la población de manera suficientemente amplia, y encontrará que no todas las personas tienen la misma posición sobre ese tema—algunos lo apoyan, otros se oponen, otros son neutrales. Incluso dentro de cada segmento de la población, no todas las personas apoyan ó se oponen a algo con el mismo nivel de convicción y entusiasmo. Es por ello que el mensaje de la Campaña debe ser cuidadosamente adaptado a cada público objetivo para que corresponda a sus percepciones, sea relevante a su situación, para que cree interés y compromiso y conduzca a los cambios deseados en su comportamiento.

Una herramienta que le ayuda a diferenciar entre los distintos públicos objetivo se denomina Espectro de aliados (véase la figura 5). Desarrollado hace casi medio siglo por George Lakey de Training for Change, y que resume la noción de que el objetivo de su Campaña no es monolítico, sino segmentado y extendido a través de un espectro. Como resultado, el mensaje de su Campaña debe consistir en una serie de sub-mensajes, cada uno adaptado a un público objetivo en particular.

Figura 5: El Espectro de los Aliados

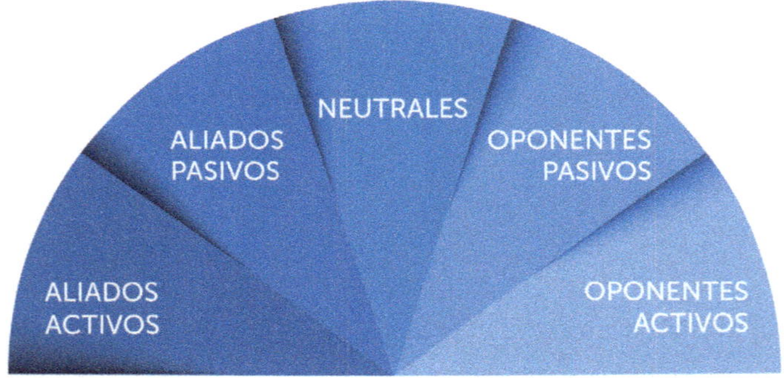

Fuente: *Training for Change*

Si utiliza el Espectro para definir sus audiencias objetivo, puede clasificarlas en varios segmentos. En el extremo izquierdo del espectro se encuentran los llamados **aliados activos**, individuos y grupos que comparten su posición sobre el tema de la Campaña y están dispuestos a hacer algo al respecto (ofrecer ayuda o recursos, apoyar su Campaña, involucrarse o ayudar de alguna otra manera). Estas son las personas que ya están activamente involucradas y con las que su Campaña puede contar.

En el siguiente segmento se encuentran los llamados **aliados pasivos**, individuos y grupos que apoyan su Campaña pasivamente, o que simplemente comparten su posición sobre el tema sin saber que hay una Campaña que la aborda. Son personas que su Campaña podría convertir en aliados activos con el menor esfuerzo, ya que están convencidos de la validez de tu posición, sólo que aún no se han involucrado.

El segmento central, y en la mayoría de los casos el más grande, son personas que son **neutrales**, que no apoyan ni se oponen a su posición sobre el tema. Ellos son inconscientes o apáticos, y de cualquier manera, no son movilizados, ni por su bando ni por sus oponentes.

El segmento de la derecha del centro consiste en individuos y grupos que se oponen a su bando y Campaña pero que permanecen pasivos al respecto. No se involucran en ninguna actividad que socave sus esfuerzos, pero la gente de este sector no está de su lado y no está de acuerdo con su posición, aunque su resolución no sea muy fuerte. Se les llama **oponentes pasivos**.

Estudio de caso: Movimiento por los Derechos Civiles de los Estados Unidos

En 1964, el Comité Coordinador Estudiantil No Violento (SNCC, por sus siglas en inglés), uno de los principales impulsores del movimiento por los derechos civiles en el sur de Estados Unidos, llevó a cabo un análisis al estilo del "espectro de aliados". El grupo determinó que tenían muchos aliados pasivos que eran estudiantes en el Norte: estos estudiantes eran comprensivos, pero no tenían un punto de entrada en el movimiento. No necesitaban ser "educados" o convencidos, necesitaban una invitación para entrar.

Para cambiar a estos aliados de "pasivos" a "activos", el SNCC envió autobuses al norte para llevar a la gente a participar en la lucha bajo el lema "Verano de Libertad". Los estudiantes llegaron en masa, y muchos fueron radicalizados profundamente en el proceso, presenciando linchamientos, violentos abusos policiales y turbas de personas blancas enojadas, todo simplemente como resultado de los activistas negros que trataban de votar.

Muchos escribieron cartas a sus padres, quienes de repente tuvieron una conexión personal con la lucha. Esto provocó otro cambio: sus familias se convirtieron en aliados pasivos, a menudo trayendo consigo sus lugares de trabajo y redes sociales. Los estudiantes, mientras tanto, regresaron a la escuela en el otoño y procedieron a organizar sus campus. Más turnos. El resultado: una profunda transformación del panorama político de Estados Unidos. Es importante enfatizar que este cambio de apoyo en cascada no fue espontáneo; fue parte de una estrategia deliberada del movimiento que, hasta el día de hoy, lleva profundas lecciones para otros movimientos.

(Joshua Kahn Russell, Espectro de Aliados, Beautiful Trouble)

El segmento de la extrema derecha del espectro son los llamados **oponentes activos**, individuos y grupos que hacen todo lo que pueden para socavar su esfuerzo. Estas personas están al otro lado de la cuestión, intentando activamente luchar contra su posición y sus esfuerzos.

La idea detrás del Espectro de los Aliados es identificar a todos los actores relevantes y colocarlos en el espectro en función de su posición sobre el tema y su voluntad de luchar por su posición. La Campaña debe tener un efecto muy específico en estas personas: **acercarlas al menos un paso a su posición, es decir, un paso a la izquierda**. En otras palabras, su objetivo **no es** convertir a los oponentes activos en aliados activos (ni siquiera convertir a los oponentes pasivos o neutrales en aliados activos), sino moverlos sólo un paso a su izquierda en el espectro. Debes convertir a los oponentes activos en oponentes pasivos, a los oponentes pasivos en neutrales, a los neutrales en aliados pasivos y finalmente a los aliados pasivos en aliados activos. Debe saber que los oponentes no están estancados y que trabajarán para mover los grupos en sentido contrario.

Al lograr un ligero movimiento hacia la izquierda de muchos segmentos de la población, tendrá un impacto significativo en el reposicionamiento general de las partes interesadas. Los cambios de comportamiento que se busca inducir son bastante pequeños y por lo tanto realistas. No se necesita convencer a los oponentes activos de que están equivocados. Ellos todavía pueden continuar manteniendo sus creencias, mientras se está tratando de socavar su decidida posición en contra. Los oponentes pasivos no necesitan cambiar completamente de opinión abandonando sus puntos de vista y aceptando los otros; con debilitar sus posiciones y volverse neutrales será suficiente. En cuanto a los neutrales, estos no necesitan tomar un papel activo en la Campaña. Sólo se necesita que sean más comprensivos con la causa. El apoyo activo y compromiso es lo que se busca de los aliados pasivos, aquellos que ya están convencidos de que su posición sobre el tema es la correcta.

Al utilizar el Espectro de los Aliados, **es importante enumerar primero a todos los actores relevantes antes de ponerlos en el espectro.** Los aliados activos y los oponentes activos son los más fáciles de identificar, pero un análisis cuidadoso revelará a otros grupos e individuos que actualmente se encuentran al margen del conflicto en torno a un tema determinado. Estas personas pueden ser cruciales para inclinar el péndulo a su favor creando una masa crítica que ya no guarda silencio sobre el tema, es decir, que se moviliza a su alrededor y crea una presión adicional sobre aquellos que se oponen a la Campaña para que se rindan.

Otra cosa importante para recordar es que se desea crear cambios graduales y progresivos en el comportamiento de las personas a las que se dirige la Campaña. En ese sentido, no interesan tanto los oponentes activos, excepto que se quiera reducir el entusiasmo y la voluntad de luchar. Hay que estar más interesado en influir en los segmentos medios del espectro, tanto en los neutrales como en los aliados y oponentes pasivos.

Pero para cada segmento el cambio de comportamiento deseado es ligeramente diferente, y su mensaje debe reflejar eso. El cambio de comportamiento deseado para los aliados pasivos es hacerlos más activos, es decir, que participen en la Campaña, que los neutrales se hagan simpatizantes y que los oponentes pasivos duden de su posición sobre el tema. Incluso dentro de cada segmento los grupos pueden necesitar de diferentes formas de recibir el mensaje. Un ejemplo es el de los jóvenes neutrales frente a los jubilados neutrales.

Si hay una herramienta que revela más dramáticamente la dinámica de la resistencia civil sería el Espectro de los Aliados. Este muestra tanto los diferentes niveles de apoyo que tienen los diferentes grupos como el cambio gradual de las lealtades—un paso a la izquierda—el cual es el objetivo de una lucha noviolenta. Por eso, además de utilizarse como herramienta para desarrollar un mensaje de Campaña, el Espectro de los Aliados puede utilizarse para introducir la resistencia civil como un método más amplio.

Hoja de instrucciones

Espectro de los aliados			
Analítico	Trabajo en grupo	Folleto	30 minutos

Contenido		
Tarea	**Actividad**	**Tiempo (mi**
1. Presentar la herramienta	Presentación	5
2. Enumerar a las partes interesadas	Trabajo en grupo	10
3. Posicionar a las partes interesadas en el espectro	Trabajo en grupo	10
4. Terminar el ejercicio	Recapitulación	5
Total:		30

Materiales Necesarios	Cuando	Para qué
Notas adhesivas	Trabajo en grupo	Enumeración de las partes interesadas
Espectro prefabricado de aliados (véase la nota 1, en la pagina 50)		Posicionamiento de las partes interesadas

Antes del taller	Antes de la sesión
	Proporcionar acceso al objetivo de la Campaña, idealmente colocándolo en la pared de la sala.

Proceso paso a paso

1. Presentar la herramienta	Presentación	5 minutos

Comienza explicando la razón por la que se usa el Espectro de Aliados. Recuerde a los participantes que ya se tiene el objetivo de la Campaña, pero que aún necesita elaborar el mensaje de la Campaña. El primer paso en el desarrollo del mensaje es definir claramente las audiencias planeadas, y esta herramienta le ayudará a hacerlo. Muestre la hoja prefabricada con el Espectro o dibuje una en la pizarra. Explique y cite ejemplos para cada segmento del espectro. Explique la diferencia entre aliados activos y pasivos, y oponentes activos y pasivos. Explique el segmento neutro en el espectro. Pregunte si hay alguna consulta.

2. Enumerar a las partes interesadas	Trabajo en grupo	10 minutos

Distribuya notas adhesivas a los participantes y pídales que saquen sus plumas. Pida a los participantes que piensen en un grupo, formal o informal, que de alguna manera esté relacionado con el tema en el que se centra su Campaña. Pida a los participantes que escriban el nombre del grupo en la nota adhesiva. Pida a los participantes que digan los grupos de sus notas adhesivas. Explique que si escuchan que alguien mas dice el el nombre del grupo que pensaron, deben tratar de pensar en otro grupo y escribirlo.

3. Posicionar a los grupos de interés	Trabajo en grupo	10 minutos

Pida a los participantes que se pongan de pie, uno por uno, y que se acerquen a la hoja de Espectro para colocar su nota adhesiva en el segmento apropiado del espectro. Pregunte a los participantes si están de acuerdo con la posición de ese grupo. Discutan brevemente si hay desacuerdos y pase al siguiente participante. Note que a veces un grupo será dividido y colocado en uno o dos segmentos diferentes, tales como la "prensa progresista", la "prensa dominante" y la "prensa dirigida por el gobierno" o los "cristianos fundamentalistas" y los "cristianos de la teología de la liberación". Es importante captar estas diferencias dentro de las amplias categorías de la población. Después de que todas las notas adhesivas hayan sido publicadas, pregunte a los participantes si todos los segmentos estaban poblados y si hay otros grupos que deberían estar en el espectro.

4. Terminar el ejercicio	Recapitulación	5 minutos

Agradezca a los participantes sus aportaciones y explique una vez más el propósito del Espectro de Aliados. Pregunte si hay alguna consulta final.

Notas finales

El Espectro de los Aliados (ver imagen abajo).

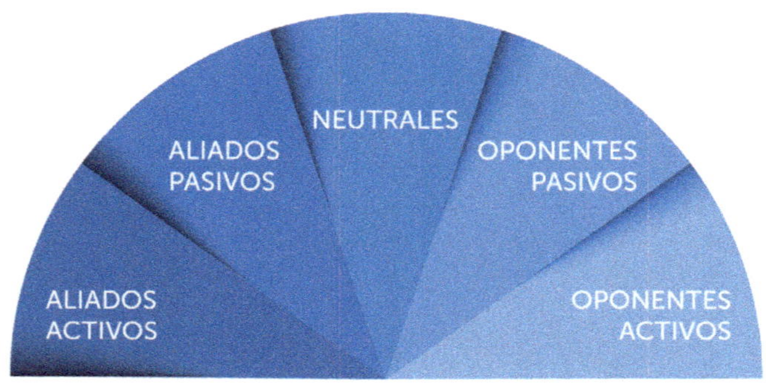

CAJA DE PERCEPCIÓN: ANÁLISIS DE LAS CREENCIAS Y SENTIMIENTOS DE LOS PARTICIPANTES

El mensaje es fundamental para su Campaña y, si se crea con cuidado, tendrá un mayor impacto. Esta es la razón por la que es crucial entender a las audiencias objetivo para el éxito de la Campaña. Una vez que haya definido a los diferentes participantes y los haya posicionado en el Espectro de Aliados, podrá analizar sus percepciones para informar mejor en su proceso de desarrollo de mensajes y producir el mensaje óptimo. Los mensajes deben ser cuidadosamente adaptados para cada audiencia objetivo, y entender las percepciones de la audiencia es clave para diseñar un mensaje que resuene en ellos. En otras palabras, debe saber con quién está hablando y de dónde vienen en relación con el tema de la Campaña. Esto permitirá transmitirles algo que los acercará a la misma.

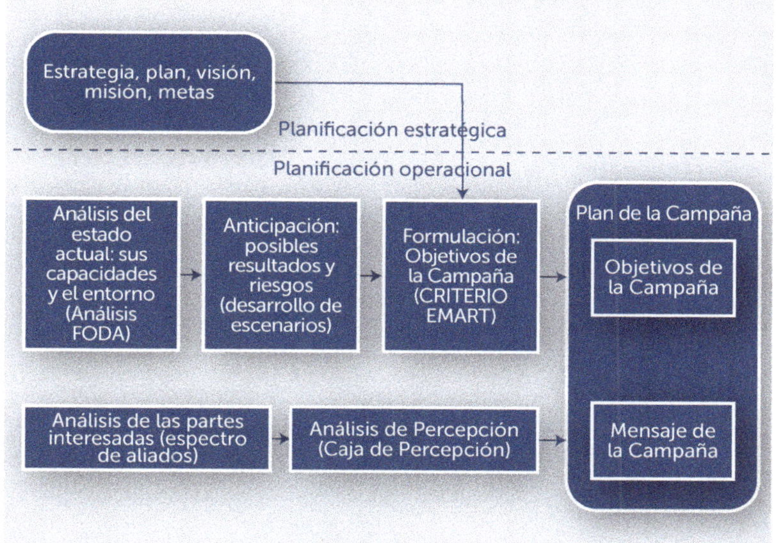

Una herramienta que ayuda a entender estas percepciones se denomina la **Caja de Percepción**. La versión utilizada aquí es una modificación del Buzón de mensajes original de Tully (llamado así por el estratega político Paul Tully), que se utiliza a menudo en las Campañas electorales. El Buzón de mensajes original se utiliza para crear un mensaje que ayudará a un candidato a destacar entre otros candidatos. La versión modificada presentada aquí, llamada Caja de Percepción, no sólo mira a sus oponentes activos en las elecciones, sino a cada segmento que definió en el Espectro de Aliados.

La Caja de Percepción tiene cuatro cuadrantes. El primer cuadrante, titulado "Nosotros sobre nosotros", enumera todas las cosas que se dice acerca de ustedes mismos y de su Campaña. Refleja los dos elementos de comunicación estratégica—su identidad como organización/coalición/movimiento (su marca)— y sus afirmaciones relacionadas con la Campaña que está lanzando. Enumera quién eres, qué quieres y por qué. No sólo especifica su visión amplia (sus fines) y su misión (sus medios), sino que también especifica sus quejas y demandas.

El segundo cuadrante, llamado "Nosotros sobre ellos", enumera su percepción de las audiencias objetivo dadas. Cuando se define la Caja de Percepción para los Oponentes pasivos y activos, se fija este cuadrante con su percepción de ellos, al igual que en el Buzón de mensajes de Tully. Pero cuando se desarrolla la Caja de Percepción para Neutrales o Aliados pasivos, se enumeran las percepciones que se tienen de ese público objetivo en particular, incluyendo los conceptos erróneos que se puedan tener sobre ellos.

Nosotros sobre nosotros	Tú sobre ellos
Ellos sobre nosotros	Ellos sobre ellos

El tercer cuadrante, titulado "Ellos sobre nosotros", enumera las percepciones que un público objetivo en particular tiene sobre usted y su Campaña, incluyendo los conceptos erróneos. Al definir este cuadrante para los Neutrales o los Oponentes pasivos o activos, debe enumerar todas las reservas que tienen sobre usted. Cuando se define para los Aliados pasivos, se deben ver las inhibiciones y las razones de la falta de participación activa de los mismos en la Campaña.

En el cuarto y último cuadrante, "Ellos sobre ellos," se enumeran las percepciones de la audiencia objetivo sobre sí mismos, en particular las razones por las que ocupan su segmento particular en el espectro. Para los neutrales se quiere saber por quéson neutrales sobre el tema, si son o no conscientes de ello, si son o no apáticos, y así sucesivamente. Para los opositores, tanto activos como pasivos, debe averiguar por qué tienen las creencias

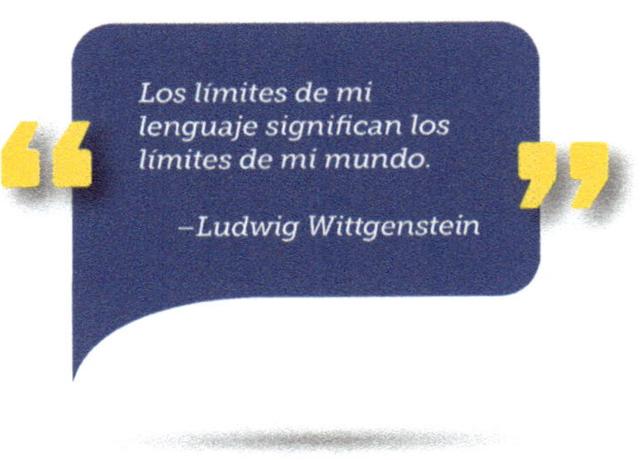

que tienen y la razón de su postura sobre el tema en cuestión. Para los Aliados pasivos se quiere saber por qué permanecen inactivos a pesar de que tienen la misma posición sobre el tema que usted.

Nota: Para simplificar el análisis y encajarlo en un taller, se puede imaginar lo que otros están sintiendo y usar cualquier información que usted tenga sobre ellos. Para desarrollar un conjunto de información más robusto, **puede utilizar cuestionarios, encuestas o incluso grupos focales con los segmentos de la población que está analizando para obtener retroalimentación directamente de ellos en sus palabras.**

Una vez que estas percepciones se hayan enumerado, discutido y finalizado, puede utilizar el Cuadro de Percepción para cerrar la brecha entre usted y la audiencia objetivo dada a través del mensaje que está a punto de elaborar. El análisis del público objetivo y de sus percepciones sienta las bases para el desarrollo del mensaje. Le proporciona información para elaborar el mensaje de la Campaña, el cual debe cumplir ciertos criterios:

- El mensaje debe ser claro. Debe declarar tanto el problema como la propuesta o "preguntar" al público objetivo con claridad y en términos relativamente sencillos.

- El mensaje debe ser pegajoso, para captar la atención del público objetivo y dejar una impresión duradera.

- Y, por último, el mensaje debería crear un cambio de comportamiento: en última instancia, mover el objetivo un paso a la izquierda en el Espectro de los Aliados.

El mensaje para un público en particular consta de dos partes:

- La primera parte del mensaje establece el tema de la Campaña a través de la lente de percepción "Ellos sobre Ellos" del objetivo, evitando e incluso contrarrestando sus conceptos erróneos acerca del objetivo listado en el cuadrante "Nosotros sobre Ellos".

- La segunda parte conecta su Campaña con el objetivo utilizando el cuadrante "Nosotros sobre nosotros" y contrarrestando los conceptos erróneos de "Ellos sobre nosotros".

La primera parte del mensaje establece el problema no sólo desde su ángulo sino también desde el ángulo de la audiencia objetivo. Por ejemplo, si el tema de la Campaña es la brutalidad policial y el público objetivo son los agentes de policía, no se debe declarar el problema como una violación de los derechos humanos, sino como un uso indebido de la fuerza policial a la que los agentes se unieron para combatir el crimen, no para sofocar la disidencia democrática y golpear a personas inocentes.

La segunda parte contiene su propuesta o "pregunta" al público objetivo.

¿Qué quiere que hagan o dejen de hacer? En el ejemplo anterior, la propuesta a los agentes es que se abstengan de usar la fuerza contra activistas. Esta propuesta está respaldada por el hecho de que ustedes son manifestantes pacíficos y que su deseo es mantener la paz y la estabilidad.

Hoja de instrucciones

Caja de percepción			
Analítico	Trabajo en grupo	Folleto	30 minutos

Resumen rápido		
Contenido	Actividad	Tiempo (min)
1. Presentar la herramienta	Presentación	5
2. Divida a los participantes en cuatro grupos pequeños	Ejercicio de división	5
3. Lista de percepciones (NsN, NsE, EsN, EsE)	Trabajo en grupos pequeños	15
4. Informe de los grupos pequeños	Presentación y discusión	30
5. Terminar el ejercicio	Recapitulación	5
Total:		60

Materiales Necesarios	Cuando	Para qué
Hoja prefabricada con Espectro de aliados	Presentación	Explicación visual
	Recapitulación	
Canicas de diferentes colores	Ejercicio de división	Divida a los participantes
Hojas grandes de papel	Trabajo en grupos pequeños	Crear cuadros de percepción
Marcadores		

<table>
<tr><th>Antes del taller</th><th>Antes de la sesión</th></tr>
<tr><td>- Canicas u otros objetos pequeños de cinco colores diferentes, uno para cada participante. Cada color debe ser alrededor de una quinta parte del número total de objetos.</td><td>- Asegurarse de que los participantes tengan acceso a las audiencias objetivo en el Espectro de los Aliados (idealmente pegando el Espectro en la pared de la sala).</td></tr>
</table>

Ejemplo de Caja de Percepción: Brutalidad policial

Nosotros sobre Nosotros:	**Nosotros sobre Ellos:**
• Somos manifestantes pacíficos. • Nuestros derechos humanos deben ser respetados. • No estamos haciendo nada ilegal cuando protestamos.	• La policía es brutal e irresponsable. • La policía no está haciendo su trabajo—luchando contra el crimen—sino más bien sofocando la disidencia pacífica. • La policía es la guardia pretoriana del régimen.
Ellos sobre nosotros:	**Ellos sobre ellos:**
• Los manifestantes son perturbadores e indisciplinados. • Los manifestantes hacen nuestro trabajo más difícil. • Los manifestantes deben usar los canales legales para expresar sus reclamos.	• Protegemos a la gente y mantenemos la paz. • Luchamos contra el crimen y prevenimos el desorden, pero nunca obtenemos crédito por ello. • Sólo estamos siguiendo órdenes.

Mensaje (Puntos de conversación):
- Queremos que la policía proteja a la gente, mantenga la paz, combata el crimen y prevenga el desorden.
- Sabemos que la policía quiere lo mismo y se le debe permitir que se centre en ello, y que no sea utilizada indebidamente contra personas que tengan reclamos políticos o sociales legítimos.
- El problema no es la policía, sino las órdenes dadas a la policía.
- Somos manifestantes pacíficos y la protesta pacífica es un canal legal para expresar nuestros reclamos y demandas.
- Debemos trabajar juntos para mantener la paz y prevenir el desorden; es nuestro objetivo común.

En esta etapa, el mensaje de la Campaña toma la forma de puntos de discusión—declaraciones que se mantienen solas o en oposición a las afirmaciones hechas por el adversario y con el propósito de refutarlas. Son condensados y sucintos, a menudo en forma de frases cortas o frases sencillas, y a veces se presentan como viñetas. Estos puntos de discusión no pueden ser utilizados directamente en el material de la Campaña, sino que sirven como base para su comunicación con el público a medida que ésta se desarrolla. **Utilice estos puntos de discusión para desarrollar eslóganes, imágenes y frases sonoras. Se usan cuando se desarrollan tácticas, se escriben artículos o se dan discursos.**

La Caja de Percepción es una herramienta analítica que le da suficiente información para comenzar la parte creativa del desarrollo del mensaje. Sin embargo, una Caja de Percepción bien definida no garantiza el éxito de la Campaña y su mensaje. Esto todavía depende de la creatividad invertida en eslóganes, tácticas, materiales de Campaña y difusión del mensaje. Pero una Caja de Percepción mal definida no puede producir el mensaje óptimo, a pesar de toda la creatividad que se pueda emplear en las etapas posteriores de la planificación.

Proceso paso a paso

1. Presentar la herramienta	Presentación	5 minutos

Explique por qué está creando la Caja de Percepción. Muestre a los diferentes participantes en el Espectro de Aliados y explique que cada grupo tiene una percepción diferente de usted y de su Campaña, y que necesita entender estas percepciones si desea elaborar un mensaje adecuado que resuene con cada uno de estos grupos. Explique que necesitamos saber no sólo lo que piensan de nosotros y de la Campaña, sino también lo que piensan de sí mismos. Al mismo tiempo, debe indicarlo que piensa de sí mismo y especificar su percepción actual de ellos. Esto debería hacerse para todos los grupos del Espectro.

2. Divida a los participantes en cinco grupos pequeños	Ejercicio de división	5 minutos

Pida a los participantes que tomen canicas y asignen cada color a un segmento en particular en el Espectro de Aliados: uno es Aliado activo, el otro es Aliado pasivo, y así sucesivamente. Pida a los participantes que formen grupos pequeños según el color de las canicas que tomaron. Una vez completada la división, asigne a cada grupo pequeño la tarea de enumerar las percepciones de los grupos en sus respectivos segmentos del Espectro y en los cuatro cuadrantes de la Caja de Percepción. Ahí deberán enumerar "Nosotros sobre nosotros"—percepciones que se tienen sobre sí mismos; "Nosotros sobre ellos"—percepciones que tienen sobre el objetivo; "Ellos sobre nosotros"—percepciones del objetivo sobre ustedes; y "Ellos sobre ellos"—percepciones del objetivo sobre ellos mismos. Para ello necesitan hojas grandes de papel (una para cada grupo pequeño) y marcadores. Pregúnteles si tienen alguna consulta y hágales saber que tienen 15 minutos para presentar estas listas en el papel que se les dio.

3. Lista de percepciones (Nosotros sobre nosotros, Nosotros sobre ellos, Ellos sobre nosotros, Ellos sobre ellos)	Trabajo en grupos pequeños	15 minutos

Tan pronto como los grupos pequeños empiecen a trabajar, camine y pregunte a cada grupo si necesitan alguna aclaración. Pídales que le llamen si necesitan ayuda. Haga otra ronda 5 minutos más tarde y hágales saber que están a mitad de camino. Pregunte a cada uno de los grupos pequeños si necesitan ayuda y brinde orientación si es necesario. Luego haga otra ronda 5 minutos más tarde y pida a cada grupo que termine y finalice la lista porque sólo les quedan unos minutos más. Quince minutos después del trabajo de grupo pequeño, pídales que terminen y llámelos de vuelta.

4. Informe de los grupos pequeños	Presentación y discusión	30 minutos

Explique a los participantes que ahora discutirán las Cajas de Percepción para cada segmento del Espectro, y que comenzarán con los Aliados activos, seguidos por los Aliados pasivos. A continuación, tendrá una breve discusión, después de la cual presentará y discutirá los cuadros de percepción de los oponentes activos y pasivos. Finalmente, presentará y discutirá la Caja de Percepción para los Neutrales.

Pida a los miembros del pequeño grupo de los Aliados Activos que suban al escenario y presenten su Caja de Percepción. Cuando terminen, pida a los miembros del pequeño grupo de los Aliados pasivos que presenten su Caja de Percepción. Después de terminar, pregunte a los participantes si tienen alguna idea sobre las dos Cajas de Percepción. Pregunte cuáles son las principales diferencias entre los Aliados activos y Pasivos. ¿Qué tienen en común, además de compartir la misma posición sobre el tema de la Campaña? ¿Cómo se pudo convertir a los Aliados pasivos en Aliados activos? Después de 10 minutos, pase a los dos grupos pequeños siguientes.

Pida a los miembros del grupo pequeño de los Oponentes activos que presenten su Caja de Percepción. Después de que terminen, pida a los miembros del pequeño grupo de Oponentes pasivos que presenten su Caja de Percepción. Después de que terminen, pida a los participantes que hagan comentarios y sugerencias. Pregunte cuáles son las principales diferencias entre los oponentes activos y pasivos. ¿Qué tienen en común, además de compartir la misma posición sobre el tema de la Campaña? ¿Cómo se puede convertir a los Oponentes activos en Oponentes pasivos? Después de 10 minutos pasar al último grupo pequeño.

Pida al pequeño grupo Neutral que presente su Caja de Percepción. Después de que terminen su presentación, pida a los participantes que hagan comentarios y ofrezcan sugerencias. Pregunte cuáles son las principales diferencias entre los Aliados pasivos y los Neutrales, y también qué tienen en común. Pregunte lo mismo acerca de los Oponentes pasivos y los Neutrales. Pregunte cómo podría convertir a los Neutrales en Aliados pasivos y a los Oponentes pasivos en Neutrales. Después de 10 minutos, concluya la discusión.

Concluya el ejercicio	Recapitulación	5 minutos

Agradezca a los participantes por sus presentaciones y muestre el Espectro de los Aliados por última vez. Explique que necesita mover a cada grupo una posición a la izquierda y use el Cuadro de Percepción para llegar a la posición con el mensaje adecuado para cada grupo. El mensaje debe construirse sobre las percepciones acerca de sí mismos y trabajar para unir estas percepciones con su percepción de sí mismos y su Campaña, contrarrestando los conceptos erróneos que tienen acerca de ustedes y que ustedes tienen acerca de ellos. Pregunte si hay alguna consulta final.

Notas finales

1. Caja de Percepción (ver imagen abajo).

Nosotros sobre nosotros	Nosotros sobre ellos
Ellos sobre nosotros	Ellos sobre ellos

INTERCAMBIO DE IDEAS: EVOCANDO LAS TÁCTICAS

Finalmente, después de todo el trabajo analítico puesto en la elaboración de un mensaje, la parte creativa del desarrollo de la Campaña puede comenzar. Un mensaje desarrollado utilizando la caja de Percepción y presentado en forma de puntos de discusión no es adecuado para su distribución. Debe ser condensado y modificado para que pueda ser difundido a través de diferentes medios: material de Campaña, tácticas, artículos, discursos, medios sociales, etc. La creación de puntos de discusión debe ir seguida de una discusión en grupo sobre las formas en que su mensaje puede ser transmitido a las respectivas audiencias objetivo.

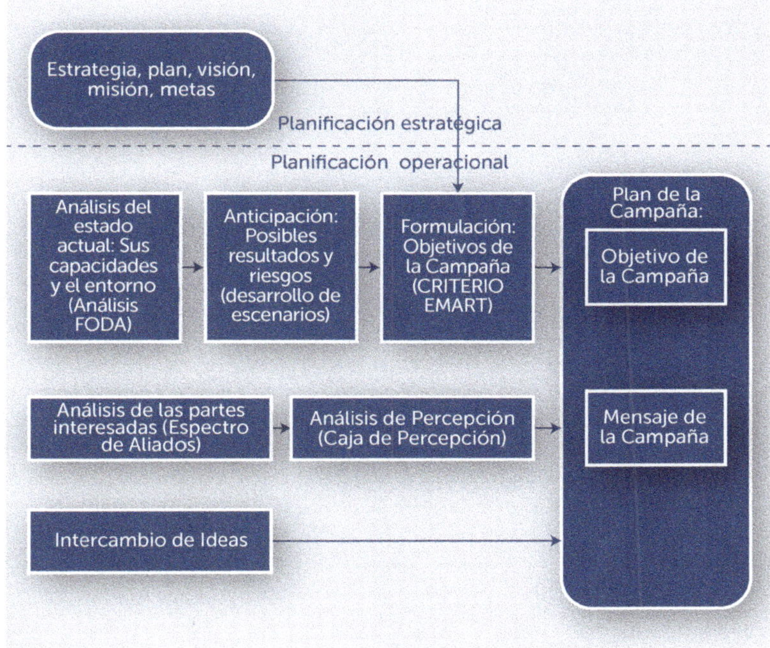

Una herramienta que puede ayudarle en este proceso creativo se llama Intercambio de ideas. El término fue popularizado por Alex Faickney Osborn en su libro *Imaginación Aplicada*, publicado en 1953. Osborn definió dos principios para una intercambio de ideas exitosa:

- Diferir el juicio

- Alcance de la cantidad

La razón para aplazar el juicio es para permitir que se generen ideas. A los participantes en una intercambio de ideas se les disuade de juzgar las ideas de los demás o las suyas propias por dos razones principales. En primer lugar, el juicio cambia el enfoque a las ideas ya generadas, en lugar de a las nuevas ideas potenciales. En segundo lugar, el juicio puede desanimar a algunas personas a ofrecer proposiciones novedosas y poco ortodoxas, creyendo que éstas se verían enfrentadas a duras críticas o incluso al ridículo. No hay espacio para la crítica durante una sesión de intercambio de ideas; debe dejarse para más tarde. En su lugar, se debe fomentar la creatividad y las conexiones y las personas deben ampliar las ideas de los demás.

Osborn dice que debemos tratar de producir tantas ideas como sea posible ya que, en su opinión, la cantidad conducirá más tarde a la calidad. De esta manera, tendrá una mayor cantidad de ideas de las cuales podrá escoger las mejores. Por lo tanto, Osborn creía que durante las sesiones de intercambio de ideas, es necesario reducir las inhibiciones de las personas, estimular la generación de ideas y aumentar la creatividad general del grupo.

Osborn señaló que la intercambio de ideas debería abordar una cuestión específica. Él creía que las sesiones que abordaban múltiples preguntas eran ineficientes. **Esta es la razón por la cual la intercambio de ideas funciona mejor si sigue un análisis cuidadoso de las partes interesadas, sus percepciones y el mensaje a esas partes interesadas presentado en forma de puntos de discusión.** Por lo tanto, la intercambio de ideas debería utilizarse para examinar cada uno de los temas de debate por separado. Las ideas producidas durante la intercambio de ideas pueden tomar cualquier forma o dirección y pueden cambiar a medida que avanza la sesión. Pueden transformarse o partirse. Los eslóganes pueden convertirse en tácticas, las tácticas pueden convertirse en carteles, los carteles en vídeos, etc. Las ideas mismas pueden ramificarse desde una idea inicial, propuesta por un participante, a varias versiones mutadas o variaciones de la versión original, cada una de las cuales cobra vida propia en un proceso de libre asociación.

Uno no puede predecir a dónde conducirá esto, porque uno no puede saber qué tipo de conexiones mentales puede tener la gente cuando escuchan una idea. Por ejemplo, las asociaciones libres fueron la clave para crear el famoso eslogan de Otpor: "Él está acabado". Se utilizó en la Campaña previa a las elecciones presidenciales de 2000, en la que el entonces presidente de Serbia, Slobodan Milosevic, fue derrotado, lo que finalmente llevó a su caída unas semanas más tarde. El eslogan de esta Campaña fue desarrollado en una de las sesiones de intercambio de ideas donde uno de los activistas vio el acrónimo GOTV para "Get out to Vote" (Sal a votar), que se parece a GOToV je - él está acabado en serbio. Y así nació el lema. Sigue siendo uno de los lemas más recordados en la historia de las Campañas políticas serbias.

Una vez que se ha generado un número suficiente de ideas, el grupo puede proceder a desarrollarlas, darles forma y describirlas con mayor detalle. Esto se puede hacer individualmente o en pequeños grupos, y las personas pueden escoger sus propias ideas o las de otra persona y desarrollarlas aún más. Sólo después de esta etapa se pueden finalmente aprobar comentarios de oferta de juicios, críticas y sugerencias de mejora.

Esta fase de refinamiento es donde las ideas se convierten en soluciones viables para los diferentes elementos de su Campaña. Cada uno lleva el mensaje de la Campaña y resulta en cambios de comportamiento, por pequeños que sean, de diferentes segmentos en el Espectro de los Aliados. Estas ideas refinadas pueden entonces ser seleccionadas usando un Análisis de Costo/Beneficio, con el propósito de determinar los costos en términos de recursos humanos y materiales, el tiempo que tomaría organizarlas e implementarlas, y los riesgos asociados con cada idea. Los beneficios se determinan observando el mensaje de la Campaña y los cambios de comportamiento deseados de la audiencia objetivo.

La intercambio de ideas no puede ni debe utilizarse para seleccionar tácticas o tomar decisiones más generales con respecto a los mensajes de Campaña. Los mensajes de Campaña son el resultado de un proceso analítico y se desarrollan utilizando las herramientas de Espectro de Aliados y Caja de percepción, mientras que las tácticas generadas durante la intercambio de ideas deben seleccionarse utilizando el Análisis de Costo/Beneficio. Por lo tanto, la intercambio de ideas sirve como un interludio creativo entre el análisis y la selección de las partes interesadas, que verifica estas tácticas contra el análisis de las partes interesadas realizado previamente.

La intercambio de ideas crea los mejores resultados si se lleva a cabo regularmente, incluso si la mayoría de las ideas generadas por este ejercicio no resultan ser muy útiles. Pero a medida que pasa el tiempo, surgen nuevas oportunidades y algunas de las ideas se vuelven más útiles y aplicables en nuevas circunstancias.

Hoja de instrucciones

Intercambio de ideas			
Analítico	Trabajo en grupos pequeños	Sin folletos	75 minutos

Resumen rápido		
Tarea	**Actividad**	**Tiempo** (min)
1. Presentar la herramienta	Presentación	5
2. Generar ideas	Intercambio de ideas	20
3. Desarrollar ideas	Trabajo individual o en parejas/grupos pequeños	15
4. Refinar ideas	Discusión en grupo	30
5. Terminar el ejercicio	Recapitulación	5
Total:		75

Materiales Necesarios	Cuando	Para qué
Cuadernos	Trabajo individual	Desarrollo de ideas
Bolígrafos		

Antes del taller	Antes de la sesión
	Proporcionar acceso al mensaje de la Campaña, idealmente colocándolo en la pared de la sala.

Proceso paso a paso

1. Presentar la herramienta	Presentación	5 minutos

Empiece diciendo a los participantes que es hora de ser creativos. Recuérdeles que, después de definir sus audiencias objetivo y analizar sus percepciones, ahora puede jugar con diferentes ideas de tácticas, eslóganes y materiales de Campaña que comunicarán el mensaje de su Campaña a estas audiencias.

Explique el proceso de intercambio de ideas. Hágales saber a los participantes que primero pasarán media hora generando ideas con el objetivo de crear una gran cantidad, reteniendo el juicio y absteniéndose de hacer comentarios y críticas. Este último tendrá lugar más adelante en el proceso, después de que se hayan creado suficientes ideas para poder seleccionar las mejores del grupo.

Pregunte si hay alguna pregunta. Repita que el objetivo de la intercambio de ideas es generar ideas, apuntando a la cantidad.

2. Generar ideas	Intercambio de ideas	20 minutos

Invite a la gente a gritar ideas para eslóganes, tácticas, materiales de Campaña, etc. Siga la discusión, interviniendo si alguien comenta sobre ideas anteriores y alentándolo a basarse en ideas anteriores. Recuerde al grupo que el objetivo es generar tantas ideas como sea posible en media hora.

A mitad del proceso (después de 15 minutos), invite a las personas que aún no han hablado a compartir sus ideas con el grupo.

3. Desarrollar ideas	Trabajo individual/en grupos pequeños	15 minutos

Pida a los participantes que saquen sus cuadernos y trabajen individualmente en sus ideas, tratando de desarrollarlas. Los participantes que tienen ideas muy similares pueden trabajar en parejas o en pequeños grupos.

Quince minutos después del trabajo en el grupo pequeño, llámelos y pídales que traigan sus hojas de papel.

4. Refinar ideas	Discusión en grupo	30 minutos

Pida que un voluntario se acerque y presente rápidamente su idea. Cuando termine, pregunte a los participantes si tienen algún comentario o pregunta rápida, en particular si desean agregar algo que pueda mejorar la idea. Si es necesario, pida a los participantes que aclaren cómo se materializaría su idea en el contexto de una Campaña: ¿presentan un cartel, un eslogan, una táctica u otra cosa?

Asegúrese de posponer cualquier discusión sobre los costos y beneficios de las tácticas presentadas para más adelante, pidiendo a los participantes que hagan comentarios rápidos. Reiterar que el objetivo de la intercambio de ideas es generar ideas, mientras que la discusión sobre la viabilidad y utilidad de estas ideas tendrá lugar más adelante.

5. Terminar el ejercicio	Recapitulación	5 minutos

Agradezca a los participantes por sus aportes y explique una vez más el propósito de la intercambio de ideas. Dé un ejemplo de su experiencia de cómo la intercambio de ideas le ayudó en su trabajo. Enfatice que la creatividad desatada en esta sesión se basa en el trabajo analítico realizado en sesiones anteriores y que a veces se puede desperdiciar la creatividad sin análisis. Pregunte si hay alguna consulta final.

Notas finales

1. A veces es útil designar a un participante que tenga la tarea de tomar notas durante la intercambio de ideas inicial, cuando se desarrollan las ideas, ya que algunas de las ideas pueden perderse si no se registran en ese momento en particular.

ANÁLISIS DE COSTO/BENEFICIO: ELIGIENDO LA MEJOR IDEA

Los mensajes de Campaña se transmiten a través de tácticas y material de Campaña. Cada táctica y cartel o volante puede usarse para llevar el mensaje de la Campaña, pero no todas las tácticas de intercambio de ideas, carteles, etc., hacen ese trabajo igualmente bien. No todos requieren la misma cantidad de recursos. Sabes que los recursos son limitados y deben utilizarse con cuidado para maximizar el impacto de la Campaña. Por esa razón, se debe seleccionar y priorizar las tácticas que se utilizarán en la Campaña. Como resultado, se tendrá un conjunto de tácticas que podrá desarrollar una vez que se involucre en la planificación táctica. Sabrá por qué decidió elegir una táctica particular de la reserva en lugar de sus alternativas, porque comparó sus costos y beneficios.

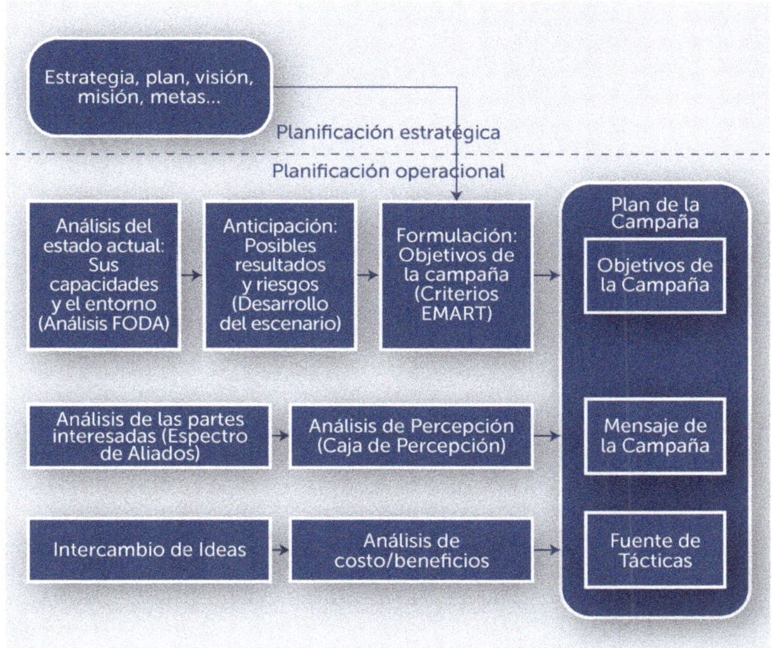

Esta es la razón por la que la intercambio de ideas debe ir seguido de un análisis de costo/beneficio. Durante el intercambio de ideas apuntó a la cantidad, generó una serie de ideas y no se preocupó por los recursos necesarios. Aún no se han tomado en cuenta los riesgos asociados con las ideas o las tácticas más efectivas para alcanzar su meta. Ya se aseguró de que estas ideas sobre tácticas, eslóganes, etc., transmitieran el mensaje de la Campaña, pero no se evaluó lo bien que lo harían, especialmente desde un punto de vista comparativo. Sin embargo, en el curso de la implementación de la Campaña, tendrá que elegir tácticas que tengan mayor impacto por el mismo costo, ya que la mayoría de las Campañas están trabajando con recursos limitados.

El Análisis de costo/beneficio puede ser extenso y en el mundo de los negocios hay ejemplos que muestran cuán exhaustivo puede ser. Las Campañas en el contexto de los movimientos son diferentes de las Campañas en el contexto de los negocios. Las Campañas relacionadas con el movimiento pueden reunir a simpatizantes y voluntarios externos para utilizar sus recursos, amplificando así el mensaje de la Campaña. Cuando se lanza una Campaña, se espera que las personas que la apoyan difundan más su mensaje sin unirse oficialmente al equipo de la Campaña. Una Campaña podría entonces volverse viral sin estar limitada por las capacidades de la organización que la lanzó. Aun así, necesita tener una idea de los costos y beneficios de las tácticas, **ejecutar primero tácticas de menor costo y dejar las tácticas de mayor costo para más adelante**, cuando la Campaña comience y sus capacidades aumenten.

En su caso, el Análisis simple de costo/beneficio es una estimación grupal de los costos y beneficios de las tácticas que surgieron de la intercambio de ideas. Se basa en la sabiduría de las multitudes y de las bases, en las opiniones colectivas de un grupo de individuos y no en las de un solo experto. Se ha observado que esta estimación colectiva anula las desviaciones de cada individuo y produce estimaciones que son tan buenas, y a veces mejores, que las realizadas por expertos individuales calificados. Un interesante relato de este fenómeno fue dado en un libro de James Surowiecki, titulado *La sabiduría de las multitudes*.

Para tener una idea de los costos y beneficios asociados con las tácticas desarrolladas en una sesión de intercambio de ideas, cada táctica se presenta por separado al grupo que realiza el Análisis de costo/beneficio. Cada participante en el análisis estima independientemente el costo de la táctica presentada y su beneficio. El cálculo del costo cubre posiciones como:

- Recursos necesarios (recursos humanos, materiales y tiempo necesario para planificar y ejecutar la táctica);

- Capacidad organizativa necesaria (habilidades requeridas, coordinación necesaria para ejecutar la táctica).

- Riesgos asociados con la táctica como la violencia (probabilidad de represión, respuesta violenta del público objetivo o violencia causada por flancos radicales dentro de la Campaña);

- Costo para la reputación, cohesión, entusiasmo, etc. del equipo de Campaña.

En la estimación de los beneficios se observa principalmente qué tan bien una táctica lleva el mensaje de la Campaña y hasta qué punto influye en el comportamiento del grupo objetivo en la dirección deseada (de acuerdo con el Espectro de Aliados). Otros factores a tener en cuenta son:

- ¿Tiene algún efecto dominó en otros grupos, además del que está siendo directamente atacado?

- ¿La táctica proporciona oportunidades para reclutar nuevos activistas?

- ¿Refuerza la organización y, de ser así, en qué medida?

- ¿Proporciona oportunidades para llegar a otras organizaciones y potencialmente construir coaliciones con ellas?

- En general, ¿la táctica bajo consideración promueve la estrategia general del movimiento?

No todo el mundo será consciente de todos los costos y todos los beneficios potenciales de una táctica. Esta es la razón por la que se **requiere sabiduría colectiva**. Otro factor a tener en cuenta es que los costos pueden reducirse aún más y los beneficios aumentar una vez que se entra en la planificación táctica. En ese momento, puede eliminar todos los detalles, utilizar de manera óptima los recursos, reducir los riesgos y aumentar los beneficios de una táctica. Pero en esta etapa, cuando se presenta por primera vez un conjunto de tácticas asociadas con la Campaña que se está planificando, es necesario tener una idea aproximada de los costos y beneficios para saber si se debe incluir la táctica como una opción a ser ejecutada como parte de la Campaña.

El propósito del Análisis de costo/beneficio es hacer una distinción entre las diferentes tácticas y colocar cada una de ellas en uno de los siguientes grupos:

- tácticas de bajo costo/alto beneficio

- tácticas de bajo costo/bajo beneficio

- tácticas de alto costo/beneficio

- tácticas de alto costo/bajo beneficio

Las tácticas de bajo costo/alto beneficio son claramente ideales; ofrecen un gran número de beneficios a cambio de un bajo costo. Estas son seguidas por tácticas de bajo costo/bajo beneficio, que son al menos baratas en términos de costo, aunque podrían no ser las más beneficiosas. Estas son seguidas por tácticas de alto costo/beneficio. Aquí es donde se tiene que trazar la línea. Algunas de estas tácticas estarán por encima de la línea y las incluirá en el conjunto de posibles tácticas para su Campaña porque el beneficio es tan alto que justifica el costo. Sin embargo, algunas no cumplirán los requisitos y habrá que deshacerse de ellas ya que el costo no justifica el beneficio. Las tácticas de alto costo/bajo beneficio generalmente no se consideran en absoluto.

Para poder llevar a cabo este análisis, es necesario que primero se proponga una escala de costos y beneficios. Esta puede ser una opción binaria simple (alto versus bajo costo, poco o ningún beneficio versus beneficio sustancial) o una escala más compleja (1 a 10, por ejemplo). La ventaja de las opciones binarias es que lleva la estimación a los extremos, lo que facilita la elección, ya que se está eligiendo entre dos opciones diametralmente opuestas. Pero este método carece de matices y sutilezas, por lo que a veces una escala más compleja es más apropiada. Al mismo tiempo, el problema con escalas más complejas es que puede colocar los resultados alrededor del medio, por lo que puede terminar teniendo muchas tácticas con costos estimados entre 4 y 6, y no uno solo estimado en extremos como 1 ó 2 ó 9 ó 10.

Cualquiera que sea la escala que se elija, hay que entender que al final del análisis estas deben entrar en los cuatro grupos mencionados anteriormente, incluso si esto significa que una táctica estimada en 4.9 cae en bajo costo, mientras que otra, estimada en 5.1, cae en el segmento de alto costo.

Es útil tener un gráfico con dos ejes, uno para el costo y otro para el beneficio. Luego se coloca cada táctica en un gráfico después de una votación sobre esa táctica. La línea que divide las tácticas que vale la pena seguir de aquellas que no llegaron a la votación es arbitraria y se puede trazar más tarde, después de que todas las tácticas se posicionen en el gráfico. Traza una línea de tal manera que queden fuera todas las tácticas cuyos costos están por encima de cierto valor, o cuyos beneficios están por debajo de cierto valor, o cualquier combinación de ambos. O puede dibujar la línea de tal manera que deje un número de tácticas con ciertas puntuaciones por debajo de la línea. La clasificación no tiene por qué ser perfecta, pero debe ser tomada para que las decisiones puedan seguir.

Una vez que se traza la línea, ahora se tiene al grupo de tácticas para usar más tarde en el ejercicio de planificación táctica. **Es importante mantener las tácticas que no llegaron a la votación, ya que podrían ser reajustadas más tarde para reducir su costo.** También podrían servir de inspiración para alternativas de bajo costo. Además, quizás algunas de las tácticas no llegaron a la votación debido a su alto costo, sin importar el hecho de que beneficiarían mucho a la Campaña. Estas tácticas, difíciles de aplicar al comienzo de la Campaña, podrían ser más fáciles de ejecutar si la Campaña produce impulso y se abren nuevas opciones imprevisibles.

Hoja de instrucciones

Análisis de costo/beneficio			
Analítico	Trabajo en grupo	Sin folletos	30 minutos

Resumen rápido		
Contenido	**Actividad**	**Tiempo (min)**
1. Presentar la herramienta	Presentación	10
2. Evaluar las tácticas	Evaluación en grupo	15
3. Terminar el ejercicio	Recapitulación	5
Total:		**30**

Materiales Necesarios	Cuándo	Para qué
Pizarras pequeñas, una para cada participante	Evaluación en grupo	Evaluar las tácticas
Tiza		

Antes del taller	Antes de la sesión
	Proporcionar acceso a las tácticas generadas durante la intercambio de ideas. Lo ideal es que cada participante tenga una táctica en su cuaderno.

Proceso paso a paso

1. Presentar la herramienta	Presentación	10 minutos

Comience explicando por qué está llevando a cabo un Análisis de costo/beneficio. Recuerde a los participantes que elaboró una serie de tácticas y las refinó. Ahora hay que evaluarlas. Pregunte si hay alguna consulta.

2. Evaluar las tácticas	Evaluación en grupo	15 minutos

Invite a las personas a presentar sus tácticas, materiales de Campaña, etc., en una o dos oraciones. Luego pida a los participantes que escriban un número en la pizarra para la táctica presentada: primero el costo de la táctica y luego el beneficio. Después de unos segundos, pídales que calculen los valores promedio tanto del costo como del beneficio. Posicione la táctica en la gráfica de Costo/Beneficio de manera que el valor x corresponda al costo y el valor y al beneficio. Repita el proceso para cada táctica.

Después de 15 minutos o, idealmente, después de que todas las tácticas hayan sido evaluadas, agradezca a todos por su aporte y muestre el gráfico de Costo/Beneficio con todas las tácticas colocadas en él.

3. Terminar el ejercicio	Recapitulación	5 minutos

Dibuje una línea en la Gráfica de Costo/Beneficio que divida las tácticas en dos categorías: aquellas con mayor costo y menor beneficio y aquellas con menor costo y mayor beneficio. La línea podría ser diagonal y a una distancia igual de ambos ejes, formando un ángulo de 45 grados con ellos (como se muestra abajo), o su ángulo podría ser completamente arbitrario y dibujado para dividir todas las tácticas en dos grupos relativamente iguales.

Lea la lista de tácticas que lo hicieron por encima de la línea divisoria. Pida a un voluntario que tome notas.

Agradezca a todos y explique que todos los elementos necesarios para un plan de Campaña ya están en su lugar. Felicítelos por su trabajo. Termine la sesión.

Notas finales

1. Gráfica de Costo/Beneficio (ver imagen abajo).

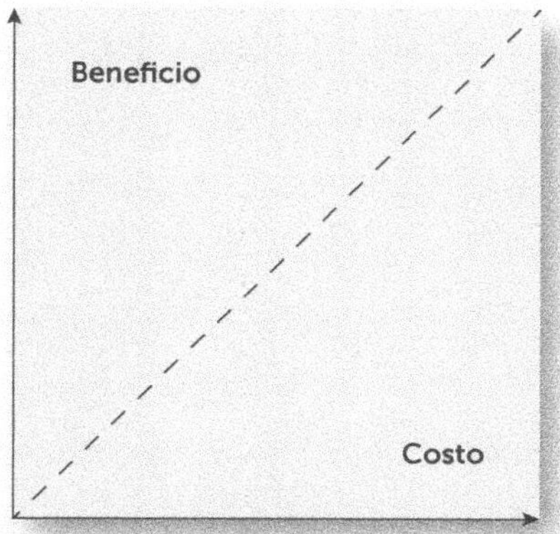

PLAN DE CAMPAÑA: PONIENDO TODO POR ESCRITO

El plan de Campaña es un documento interno que como equipo de Campaña utiliza como referencia, pero que también utiliza para reclutar gente para su Campaña, pedir ayuda y recursos, negociar con otras partes interesadas y crear coaliciones en torno a su Campaña. Se trata de un documento relativamente breve que puede condensarse en cuatro secciones:

1. Objetivos de la Campaña

2. Mensaje de la Campaña

3. Táctica

4. Organización y recursos

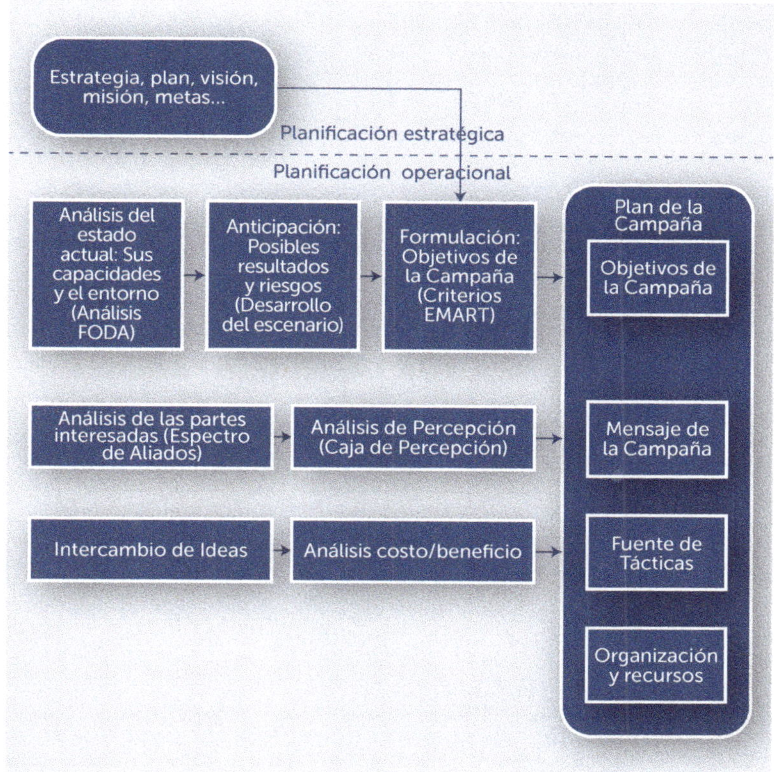

La primera sección, los objetivos de la Campaña, aseguran que cumplen con los criterios EMART. Deben ser específicos, medibles, alcanzables, relevantes y de tiempo limitado. Esta sección del plan de Campaña le dice lo que quiere lograr con su Campaña, así como por qué quiere lograrlo. También se analiza cómo su objetivo es relevante para la estrategia más amplia y cómo le acerca a sus metas a largo plazo, definidas en el plan estratégico.

La segunda sección se centra en el mensaje. Le dice a quién se dirige con su mensaje, qué tipo de cambio de comportamiento quiere ver, y qué específicamente y cómo se va a comunicar con estas audiencias objetivo. Esta sección se basa en el análisis de las partes interesadas realizado anteriormente y utiliza el mensaje de la Campaña desarrollado en forma de puntos de discusión.

La tercera sección enumera las tácticas que se ejecutarán en el curso de la Campaña, el material que se utilizará y cualquier otro método que se pueda utilizar para transmitir el mensaje de la Campaña. Esta sección también proporciona información sobre la línea de tiempo de la Campaña, las fases y la acumulación. También define cómo y cuándo terminará la Campaña.

La cuarta y última sección trata de la capacidad organizativa y los recursos que se necesitarán para llevar a cabo la Campaña. Estima la cantidad de material de Campaña, el número de voluntarios y organizadores necesarios para llevar a cabo la Campaña y ejecutar las tácticas, el tiempo necesario para establecer e implementar la Campaña, así como otros recursos, incluyendo los fondos necesarios para apoyar la organización de la Campaña. Esta sección también especifica la toma de decisiones, el alcance de la autonomía local y la comunicación interna.

Una vez completado, el plan de Campaña puede ser utilizado posteriormente para desarrollar otros documentos necesarios para definir completamente la Campaña que ha desarrollado. Estos documentos incluyen:

- Resumen de la Campaña
- Calendario de Campaña
- Presupuesto de Campaña
- Esquema de organización de la Campaña

El resumen de la Campaña es un documento más detallado que el plan de Campaña. Es un documento técnico, normalmente preparado por los clientes para las agencias de marketing como un tipo de instrucción. Le dice a la agencia lo que quiere lograr con su Campaña, a quién se dirigirá y cuál será su mensaje. Establece plazos e hitos y les proporciona un presupuesto proyectado. Las agencias responden a esto con un llamado "resumen creativo", que consiste en asumir todos los elementos del resumen de la Campaña (objetivo, mensaje, etc.) junto con una propuesta de cronograma y solicitudes adicionales que puedan tener del cliente.

Plan de Campaña

(Plantilla)

Antecedentes:

¿Quién está lanzando la Campaña y cuál es el tema de la Campaña? ¿Cómo se relaciona el tema con su visión y misión?

Objetivo:

¿Qué objetivos específicos desea alcanzar con su Campaña? ¿Cómo va a medir el éxito de la Campaña? ¿Por qué cree que estos objetivos son alcanzables? ¿En qué medida es relevante para su estrategia más amplia? ¿Cuánto tiempo durará la Campaña?

Mensaje:

¿A quién se dirige con su Campaña? ¿En qué grupos y demografías sociales pretende influir? ¿Qué tipo de cambio de comportamiento de las audiencias objetivo desea ver como resultado de su Campaña?

¿Qué vas a decir? ¿Qué mensaje va a transmitir? ¿Cuál es tu tono? ¿Cómo se apoya esto en su comunicación estratégica (su visión, misión y valores)?

¿Cuál es el lema principal de la Campaña? ¿Cuáles son algunos otros eslóganes o visuales que podrían ser utilizados?

Tácticas:

¿Qué tácticas (o qué tipo de tácticas) va a tener en la Campaña? ¿Qué material de Campaña se producirá? ¿Cómo será el lanzamiento de la Campaña? ¿Qué fases seguirán al lanzamiento? Qué tácticas y material de Campaña se utilizarán en cada una de las fases? ¿Cómo terminará la Campaña? ¿Existe alguna táctica potencial que se pueda utilizar en caso de que surjan oportunidades?

Recursos:

¿Cuántos voluntarios, activistas y organizadores serán necesarios para la implementación exitosa de la Campaña? ¿Qué recursos materiales se necesitarán para la implementación de la Campaña? ¿Cuál es el calendario de la Campaña? ¿Cuándo comienza y cuándo termina? ¿Qué apoyo logístico se necesita para apoyar la Campaña?

Organización:

¿Cuáles son los roles, deberes y responsabilidades, y cómo se distribuyen? ¿Cómo se toman las decisiones? ¿Cuáles son los canales de comunicación interna? ¿Qué nivel de autonomía tiene un activista dentro de la Campaña? ¿De qué manera puede la gente apoyar la Campaña?

Las organizaciones pueden decidir no pedir ayuda a las agencias de marketing externas, pero aun así podrían desarrollar un resumen de la Campaña para que sus equipos creativos lo utilicen como referencia al desarrollar el material de la Campaña y para la planificación táctica. Se puede elaborar un resumen de la Campaña a partir del plan de Campaña. La principal diferencia entre los dos es el nivel de detalle, ya que el informe de la Campaña se prepara para las personas que tienen poco o ningún conocimiento de la organización detrás de la Campaña y el proceso de planificación mediante el cual se desarrolló el plan de Campaña.

Otro documento que se debe preparar siguiendo el plan de Campaña es el calendario detallado de la Campaña. Muestra las fechas de inicio y fin de la Campaña, así como las fases de la Campaña entre el lanzamiento y la conclusión. Las tácticas se extienden durante este período de tal manera que se pueda dar impulso a la Campaña, y también se establecen plazos para completar el material de la Campaña y su distribución.

El presupuesto de la Campaña específica los costos proyectados de la Campaña, incluyendo todo, desde el costo de ejecutar las tácticas, producir y distribuir el material de la Campaña, y la compra de los medios de comunicación hasta los costos logísticos en apoyo de la organización de la Campaña (comunicación, transporte, comidas, pagos, etc.).

El esquema de organización de la Campaña es un tipo de documento de flujo de trabajo y muestra visualmente quién está tomando qué decisiones en la Campaña, cómo se ven los canales de comunicación y quién es responsable de qué en la Campaña, como el trabajo con los voluntarios, las relaciones públicas, las finanzas y los asuntos legales.

Además de estos documentos, el plan de Campaña puede ser utilizado para desarrollar un campo corto llamado a veces "campo de ascensores". Esto se utiliza para persuadir a individuos y grupos simpatizantes (segmento de aliados pasivos en el Espectro de los Aliados) para que apoyen la Campaña. La razón por la que se le llama "paso de ascensor" es que es muy conciso y puede ser entregado durante un corto viaje en ascensor. Imagine que está entrando en un ascensor y un aliado potencial importante está a su lado. Tienes menos de un minuto para enganchar el interés de esa persona en apoyar la Campaña.

Toda la información sobre la parcela del ascensor se deriva del plan de Campaña. Condensa el plan en unas pocas frases con un tono sugerente e intrigante. Se basa en la comprensión de las percepciones de su audiencia (véase Caja de Percepción para aliados pasivos).

Si el paso de ascensor crea interés y la persona quiere saber más, todas las respuestas a las preguntas potenciales pueden derivarse del plan de Campaña, y lo que es más importante, de cómo la persona puede ayudar y apoyar la Campaña.

El paso de ascensor debe ser practicado y, una vez perfeccionado, puede ser utilizado en varias ocasiones, desde reuniones oficiales y fiestas informales hasta, posiblemente paseos en ascensor.

Hoja de instrucciones

<table>
<tr><td colspan="4" align="center">Plan de la Campaña</td></tr>
<tr><td>Analítico</td><td>Trabajo en grupo</td><td>Folleto</td><td>30 minutos</td></tr>
</table>

Resumen rápido

Tarea	Actividad	Tiempo (min)
1. Presentar la herramienta	Presentación	5
2. Divida a los participantes en cuatro grupos pequeños	Ejercicio de división	5
3. Escribir segmentos del plan de Campaña	Trabajo en grupos pequeños	30
4. Presentar el plan de Campaña	Presentación y discusión	15
5. Terminar el ejercicio	Recapitulación	5
Total:		**60**

Materiales Necesarios	Cuando	Para qué
Bolígrafos	Trabajo en grupos pequeños	Redacción del plan de Campaña
Folleto sobre el plan de Campaña		

Antes del taller	Antes de la sesión
	Proporcione acceso al objetivo de la Campaña, al mensaje de la Campaña y a un conjunto de tácticas (lo ideal es que éstas se coloquen en la pared de la sala).

Proceso paso a paso

1. Presentar la herramienta	Presentación	5 minutos

Comience explicando el propósito del plan de Campaña. Recuerde a los participantes que tiene el objetivo de la Campaña, el mensaje de la Campaña y un conjunto de tácticas y que éstas deben ser puestas en un solo documento: el plan de Campaña. Este plan se utilizará como punto de referencia a medida que desarrolle su Campaña, cree materiales para la Campaña, implemente tácticas u organice eventos.

Distribuya el folleto del plan de Campaña. Explique cada sección del plan, comenzando por el segmento que establece los objetivos de la Campaña. Luego pase a la parte del plan que se ocupa del mensaje, seguido por el segmento que enumera las tácticas potenciales, y finalmente las dos secciones restantes que cubren los recursos necesarios para la Campaña y la organización de la Campaña. Diga a los participantes que deben llenar cada sección del plan de Campaña respondiendo a las preguntas que figuran en el folleto y teniendo en cuenta todo el trabajo que se hizo anteriormente sobre los objetivos, los mensajes y las tácticas.

2. Divida a los participantes en grupos pequeños	Ejercicio de división	5 minutos

Pida a los participantes que formen una fila en función de la hora a la que suelen levantarse por la mañana. Haga que los que se levantan temprano hacia un extremo de la línea y los que les gusta dormir más tarde hacia el otro. Después de que hayan terminado de hacer fila, divida a los participantes en cuatro grupos pequeños con personas que se levantan tarde para cubrir el objetivo de la Campaña, el siguiente grupo para cubrir el mensaje de la Campaña, el siguiente para cubrir las tácticas y, finalmente, el último grupo de participantes que se despiertan temprano para cubrir los recursos y la organización de la Campaña.

3. Escribir segmentos del plan de Campaña	Trabajo en grupos pequeños	30 minutos

Informe a cada grupo qué segmento del plan de Campaña debe desarrollar. Explique que deben sentirse libres de enviar un emisario a otro grupo si necesitan consultar con ellos. Hágales saber que tienen 30 minutos para esto y que después de que escriban su sección del plan, harán una presentación y participarán en una discusión. Enfatice que esta no será la versión final del plan de Campaña, ya que estos segmentos necesitarán ser compilados en un documento que probablemente necesitará algún trabajo adicional a partir de entonces.

A medida que los grupos comiencen a trabajar, camine y pregunte si hay alguna pregunta, proporcionando orientación si es necesario. Haga otra ronda 10 minutos después y una ronda final 10 minutos antes del final, pidiendo a cada grupo que termine y se prepare para la presentación. Después de 30 minutos, pida a los participantes que terminen su trabajo y presenten el plan.

4. Presentar el plan de Campaña	Presentación y discusión	15 minutos

Pida a un representante de cada grupo que presente su segmento del plan de Campaña, comenzando con los objetivos, seguido por el mensaje, las tácticas, los recursos y la organización. Después de que todos los grupos hayan hecho sus presentaciones, abra el debate. Concluir después de 15 minutos.

5. Terminar el ejercicio	Recapitulación	5 minutos

Agradezca a los participantes por sus aportes y explique una vez más el propósito del plan de Campaña. Explique que el documento necesitará algún trabajo adicional para estar completo. Pregunte si hay alguna consulta.

CURSO PARA EL DESARROLLO DE LAS CAMPAÑAS

Enseñar a la gente cómo planear Campañas toma tiempo y esfuerzo. Pero vale la pena, porque una vez que aprenden estas herramientas, pueden utilizarlas con facilidad para planificar sus Campañas. Las herramientas presentadas en este libro pueden ser utilizadas para un curso de desarrollo de Campañas de dos días de duración destinado a enseñar a la gente cómo desarrollar un plan para sus Campañas.

Un curso de desarrollo de Campañas progresa lentamente, paso a paso. Cada paso se basa en nuestros objetivos de aprendizaje, las habilidades o conocimientos específicos que nos gustaría que adquirieran los participantes, y las limitaciones en términos de tiempo disponible para el curso, ubicación, número de participantes, etc.

Visión general rápida del curso para el(los) capacitador(es)

Iniciamos el curso exponiendo su objetivo general: enseñar a los participantes a utilizar diversas herramientas de planificación para desarrollar una Campaña. Luego refinamos el objetivo de enseñar a los participantes cómo usar varias herramientas de planificación para establecer los objetivos de la Campaña, redactar su mensaje, desarrollar tácticas y, finalmente, escribir un plan de Campaña.

A continuación, examinamos cada uno de los elementos de nuestro objetivo general y determinamos qué es lo que se necesitará. Para desarrollar los objetivos de la Campaña, los participantes deberán analizar el entorno y sus capacidades, lo que les permitirá comprender el estado actual en términos de factores externos e internos. Esto proporciona una instantánea de la situación actual. La capacidad de prever la interacción de los factores externos e internos también les permitirá identificar diferentes opciones y tener en cuenta los riesgos antes de formular los objetivos. Esto les ayudará a mantener el rumbo en cualquier escenario futuro. Para recapitular, para establecer los objetivos de la Campaña adecuadamente, los participantes deben:

- Enumerar todos los factores relevantes
- Desarrollar diferentes escenarios
- Proponer objetivos concretos

Luego pasamos a desarrollar el mensaje de la Campaña, y los participantes identifican a los diferentes grupos, entienden sus percepciones y luego presentan un mensaje apropiado. Para recapitular, para redactar correctamente el mensaje de la Campaña, los participantes tendrán que hacerlo:

- Enumerar todos los interesados relevantes
- Identificar sus percepciones
- Proponer un mensaje adecuado

Además, los participantes deben aprender a desarrollar tácticas que transmitan el mensaje de la Campaña. También deben aprender a seleccionar tácticas quelogren esto de la manera más eficiente, descartando cualquier táctica que no haga este corte. Finalmente, deben aprender a escribir un plan de Campaña para poner todo lo que han creado en un documento coherente.

Antes de que puedan lograrlo, los participantes deberán entender las Campañas como un concepto. Esta no es una habilidad práctica, pero es una parte importante de la construcción de conocimiento sobre las Campañas.

Ahora que entendemos mejor el proceso, podemos enumerar los objetivos de aprendizaje:

- Explicar el papel y la importancia de las Campañas en el contexto estratégico más amplio
- Utilizar el análisis FODA para enumerar los factores internos y externos
- Desarrollar escenarios para explorar opciones y entender los riesgos
- Establecer los objetivos de la Campaña utilizando criterios EMART
- Analizar a los interesados y sus percepciones
- Confeccionar un mensaje de Campaña en forma de puntos de discusión
- Seleccionar tácticas basadas en sus costos y beneficios
- Escribir un plan de Campaña

Planificación del curso

Para alcanzar estos ocho objetivos de aprendizaje, necesitaremos aproximadamente ocho unidades de 90 minutos cada una. La misma duración de las unidades asegura que el curso esté bien organizado, pero todavía hay tiempo suficiente para los descansos para ayudar a los participantes a ser más atentos y productivos durante las sesiones.

En la siguiente página verá cómo será el plan de estudios del curso en términos concretos una vez que hayamos hecho coincidir los módulos con las unidades. Tenga en cuenta que este horario incluye tiempo adicional al comienzo del curso para romper el hielo, presentarnos (formadores y participantes), proporcionar una visión general del curso, cubrir las tareas de limpieza (administrativas, logísticas), etc. También se agregó un segmento al final del curso para dar tiempo para preguntas, evaluación del curso y discusión sobre los siguientes pasos. También se han añadido actividades aquí y allá para hacer que la información fluya sin problemas y permitir a los participantes planificar una Campaña, no sólo aprender a utilizar las diversas herramientas de planificación.

Currículum del Curso de Desarrollo de Campañas

Unidad	Tiempo	Module	Tiempo
Introducción a las Campañas	90	Actividades de apertura	30
		Introducción a las Campañas	30
		Panorama general de la cuestión del plan estratégico y la Campaña	30
Panorama general de los factores externos e internos	90	Actividades de apertura	15
		Preparación para el análisis FODA	15
		Análisis FODA	60
Explorando opciones, entendiendo los riesgos	90	Desarrollo de Escenarios	90
Objetivos de la Campaña	90	Listado de los objetivos generales de la Campaña	30
		Criterios EMART	30
		Establecer objetivos concretos de la Campaña	30
Análisis de las partes interesadas	90	Espectro de aliados	30
		Caja de Percepción	60
Mensaje de la Campaña	90	Puntos de conversación	30
		Intercambio de ideas	60
Tácticas	90	Introducción a las tácticas	30
		Desarrollo de tácticas	30
		Análisis de costo/beneficio	30
Plan de Campaña	90	Desarrollo del plan de Campaña	60
		Evaluación, retroalimentación, próximos pasos	30

Ahora podemos usar esta información para construir una visión general del curso de dos días:

Título del curso	Curso de Desarrollo de Campañas
Objetivo	El objetivo de este curso es enseñar a los participantes a utilizar diversas herramientas de planificación para planificar una Campaña.
Objetivos de aprendizaje	Al final de este curso, los participantes podrán: • Explicar el papel y la importancia de las Campañas en el contexto estratégico más amplio • Utilizar el análisis FODA para enumerar los factores internos y externos • Desarrollar escenarios para explorar opciones y entender los riesgos • Establecer los objetivos de la Campaña utilizando criterios EMART • Analizar a las partes interesadas y sus percepciones • Mensaje de la Campaña de artesanía en forma de puntos de discusión • Seleccionar tácticas basadas en sus costos y beneficios • Escribir un plan de Campaña
Tiempo	Tiempo total: 960 minutos (16 horas) Tiempo de clase: 720 minutos (12 horas) Pausas: 240 minutos (4 horas)
Materiales	Diapositivas prefabricadas: PS-1/CDC (Pirámide de Estrategia), PS-2/CDC (Matriz FODA), PS-3/CDC (Matriz de Escenario), PS-4/CDC (Carta de Gandhi), PS-5/CDC (Espectro de Aliados), PS-6/CDC (Caja de Percepción) Documentos: HO-1/CDC (Matriz de Escenarios), HO-2/ CDC (Folleto de Criterios EMART), HO-3/CDC (Plantilla de Plan de Campaña) Pizarra y marcadores permanentes Pizarra y marcadores borrables Cinta adhesiva Cuadernos y bolígrafos Notas adhesivas

La agenda del curso se vería así:

Agenda del curso de desarrollo de Campaña de dos días		
Día uno		
09:00-10:30	Introducción a las Campañas (presentación, discusión)	90 min
10:30-11:00	Descanso	30
11:00-12:30	Visión general de los factores externos e internos (Análisis FODA)	90
12:30-13:30	Almuerzo	60
13:30-15:00	Exploración de opciones, comprensión de riesgos (Desarrollo de Escenarios)	90
15:00-15:30	Descanso	30
15:30-17:00	Fijación de los objetivos de la Campaña (Criterios EMART)	90
Día dos		
09:00-10:30	Análisis de las partes interesadas (espectro de aliados, cuadro de percepción)	90
10:30-11:00	Descanso	30
11:00-12:30	Elaboración del mensaje de la Campaña (Puntos de conversación)	90
12:30-13:30	Almuerzo	60
13:30-15:00	Construir un conjunto de tácticas (Intercambio de ideas, análisis de costo/beneficio)	90
15:00-15:30	Descanso	30
15:30-17:00	Desarrollo de un plan de Campaña (trabajo en grupo, presentación, discusión)	90

El curso también podría impartirse durante un taller de fin de semana. Esto se hace generalmente para las personas que tienen trabajos entre semana y por lo tanto no pueden permitirse tomar un curso durante la semana. En este caso, el taller comenzaría el viernes por la noche y terminaría el domingo a la hora del almuerzo.

La agenda del curso se vería así:

Agenda del curso de desarrollo de Campaña del fin de semana		
Día uno (viernes)		
20:00-21:30	Introducción a las Campañas (presentación, discusión)	90
Día dos (sábado)		
9:00-10:30	Visión general de los factores externos e internos (Análisis FODA)	90
10:30-11:00	Descanso	30
11:00-12:30	Exploración de opciones, comprensión de riesgos (Desarrollo de Escenarios)	90
12:30-13:30	Almuerzo	60
13:30-15:00	Fijación de los objetivos de la Campaña (Criterios EMART)	90
15:00-15:30	Descanso	30
15:30-17:00	Análisis de las partes interesadas (espectro de aliados, cuadro de percepción)	90
17:00-20:00	Cena y tiempo libre	180
20:00-21:30	Elaboración del mensaje de la Campaña (Puntos de conversación)	90
Día tres (domingo)		
9:00-10:30	Construir un conjunto de tácticas (Intercambio de ideas, análisis de costo/beneficio)	90
10:30-11:00	Descanso	30
11:00-12:30	Desarrollo de un plan de Campaña (trabajo en grupo, presentación, discusión)	90
12:30-13:30	Almuerzo	60

EPÍLOGO

Las herramientas presentadas en este libro dividen el proceso de planificación de la Campaña en distintos pasos, cada uno de los cuales cubre un elemento del plan final de la Campaña: objetivos de la Campaña, mensaje, tácticas, etc. Así es como la difícil y compleja tarea de desarrollo de Campañas se simplifica, *sin necesidad* de la simplificación del plan de Campaña elaborado como resultado de este proceso.

El plan de Campaña es el producto final del proceso de planificación, pero en cierto modo, el proceso es más importante que el resultado. A veces, imprevisto cambian drásticamente el entorno en el que se implementa la Campaña, surgen nuevas oportunidades, se materializan las amenazas o aparecen repentinamente debilidades ocultas, lo que hace que el plan de Campaña sea obsoleto. Pero la información recopilada utilizando diversas herramientas como parte del proceso de planificación nos dota de habilidades estratégicas que nos permiten leer y comprender el entorno cambiante, adaptarnos a él y responder rápida y adecuadamente.

El movimiento del que forma parte puede haber estado activo sólo por un año, o cinco años, o diez años, o quizás mucho más tiempo. El movimiento puede estar en un estado de adrenalina tras un éxito reciente contra su adversario, ya sea un régimen autoritario, un sistema corrupto o una injusticia duradera. O el movimiento puede estar estancado y desesperado después de haber sido reprimido violentamente (o de otra manera). El movimiento puede estar compuesto por cientos de miles de hombres, mujeres, ancianos y niños de diversos orígenes, o puede haber sólo unas pocas docenas de activistas que se apresuran a aumentar el número de participantes.

Cualquiera que sea el caso, nunca es demasiado pronto o demasiado tarde, demasiado perfecto o demasiado inoportuno, demasiado duro o demasiado ideal para un contexto, demasiado grande o demasiado pequeño para empezar a incorporar la planificación de Campañas en la lucha noviolenta de su comunidad por los derechos, la libertad y la justicia.